Chemins intimes

Les textes rassemblés dans ce recueil ont été publiés dans *Zadig*.

Zadig n° 20, « L'école de mon enfance », Philippe Besson, décembre 2023
Zadig n° 3, « Simone et moi », Nina Bouraoui, septembre 2019
Zadig n° 18, « Je me souviens de ma Corrèze », Franck Bouysse, juin 2023
Zadig n° 14, « La lettre et la Loire », François-Henri Désérable, juin 2022
Zadig n° 16, « Savoir d'où on vient », Marc Dugain, décembre 2022
Zadig n° 19, « En VTT sur la sente sauvage », Serge Joncour, septembre 2023
Zadig n° 5, « Quelques mots d'amour », Nicolas Mathieu, mars 2020
Zadig n° 17, « Paysages et parfums d'enfance », Mazarine Pingeot, avril 2023
Zadig n° 2, « La terre du milieu », Catherine Poulain, juin 2019
– nous publions ici le texte dans sa version originale
Zadig n° 9, « Le bonheur des livres », Lydie Salvayre, mars 2021

ISBN : 978-2-0804-5300-6

Philippe Besson – Nina Bouraoui
Franck Bouysse – François-Henri Désérable
Marc Dugain – Serge Joncour
Nicolas Mathieu – Mazarine Pingeot
Catherine Poulain – Lydie Salvayre

Chemins intimes

Autrement

Lancé en mars 2019, *Zadig* est un magazine trimestriel qui se propose de raconter au plus près du terrain et au plus profond des idées une belle inconnue : la France. Et plus précisément : toutes les France qui font la France. Celle des grandes villes, des provinces, des cultures hexagonales, des spécificités de l'outremer. Celle de nos passions communes et de nos chemins intimes. Ce récit tissé de mille récits se propose d'écrire à plusieurs mains – et plusieurs grandes voix – le roman vrai de notre pays, convoquant historiens, sociologues, géographes, écrivains et artistes, et bien sûr journalistes. En confiant aux éditions Autrement ses plus beaux moments de lecture, *Zadig* s'inscrit grâce à ce partenaire curieux et exigeant dans une pérennité heureuse. Pour dire la France *autrement*.

Éric Fottorino

L'ÉCOLE DE MON ENFANCE

Philippe Besson

Il se trouve que j'ai grandi en Charente, dans un village qui s'appelait Lamérac. Je dis : « qui s'appelait » parce qu'il n'existe plus, enfin plus vraiment, depuis qu'il s'est acoquiné à la commune voisine, plus vaste, plus peuplée, et que son nom a disparu. Et quand les noms sont supprimés, est-ce qu'on ne supprime pas la chose ? Quand on raye de la carte, est-ce qu'on ne renonce pas au territoire ?

Je sais ce qu'on m'objectera : il était déjà mort, ce village. L'école avait fermé, la messe n'y était plus donnée, la fourgonnette qui servait de supérette ambulante ne passait plus depuis belle lurette. Ne restaient que des hommes et des femmes qui s'en allaient travailler à la ville, et des vieillards, qui mouraient les uns après les autres.

Seulement voilà, c'était là, mon enfance. Et j'aurais préféré qu'elle ne soit pas comme emportée dans un carton de déménagement.

Car c'est à cet endroit perdu que je dois mes souvenirs les plus anciens.

Les deux tilleuls dans la cour de récréation, que je contemplais depuis la fenêtre de ma chambre. Mon père était l'instituteur, nous étions logés dans l'appartement de fonction juste au-dessus de la salle de classe.

Ma chambre, justement, partagée avec Olivier, mon aîné d'un an. Deux lits de 80 de part et d'autre, une armoire et un petit bureau en mélaminé pour chacun, pas d'intimité et cependant la sauvagerie de mon frère suffisait à créer une séparation entre nous.

La glycine dégoulinant des grilles, comme des guirlandes folles.

Le préau, avec une corde à sauter qui pendait en son milieu. Je m'entraînais à y grimper, le soir venu, dans la solitude.

Le vert des vignes à la fin de l'été, tous ces rangs magnifiquement alignés qui s'offraient à mon regard, qui ont formé le décor de mes jeunes années, quand d'autres voyaient des immeubles, du bitume.

Le bruit des grains de raisin qui éclataient sous les pieds après que des saisonniers espagnols m'avaient hissé dans la cuve, au moment des vendanges.

Le gigantesque noyer derrière chez nous, j'allais ramasser les noix en automne, je m'en gavais aussitôt, j'avais mal au ventre, aujourd'hui je ne pourrais plus, j'y suis allergique, je ne sais même pas comment c'est possible.

Titan, le berger allemand, né la même année que moi, qui gambadait en liberté dans les champs alentour, mais rentrait sagement tous les soirs. Un chien puissant, impressionnant, devenu une bonne pâte dès que nous avons adopté un chat, il supportait tous les caprices du petit.

L'étable où j'allais chercher le lait, le soir sur le coup de dix-huit heures, j'y ai appris à traire les vaches, en revanche j'étais terrorisé en hiver à l'idée de franchir les cinquante mètres qui séparaient la maison de l'étable, je redoutais que des individus louches rôdent la nuit et s'attaquent aux enfants, m'avait-on raconté une histoire de la sorte ?

La salle des fêtes, où j'ai dansé seul, un dimanche après-midi, sur *Vanina* de Dave, pourquoi étais-je seul ? y avait-il eu un mariage, une communion et les gens étaient-ils tous dehors, à festoyer, dans le pré qui jouxtait la salle ?

Le monument aux morts avec les noms de la poignée de soldats du coin tombés au combat, que j'ai lus avec effroi et admiration lorsque j'ai su lire et compris qui ils étaient.

Le petit cimetière, légèrement en pente, juste derrière la maison de nos voisins les Bergeon.

L'abbé Brothier qui nous faisait le catéchisme le mercredi après-midi, un homme rond et affable, comme dans la publicité pour un fromage.

Lamérac a été l'endroit d'un bonheur quasiment sans tache, d'un bonheur qui s'ignorait mais qui m'a rempli. Ces quelques images convoquées à la va-vite en témoignent.

Pourtant, le temps s'y ordonnait sans surprise.

Dès le lundi matin, et chaque jour jusqu'au vendredi, ma mère nous réveillait, mon frère et moi, elle avait préparé le petit-déjeuner, on buvait du chocolat, on mangeait des tartines, puis elle nous commandait de passer à la salle de bains et de ne pas y traîner, elle partait la première pour arriver à huit heures et demie à son travail, il lui fallait dix minutes pour gagner Baignes en voiture, à six kilomètres, elle conduisait une Renault 5 bleu gendarme.

Mon père, quant à lui, nous attendait dans la salle de classe, mettant la dernière main à ses cours, écrivant la date au tableau, ouvrant les fenêtres en septembre ou en mai pour aérer, allumant le poêle à mazout en décembre pour lutter contre le froid glacial qui s'immisçait partout.

Un peu avant neuf heures, nous descendions, Olivier et moi. Certains de nos camarades jouaient déjà dans la cour, les retardataires déposaient leurs affaires, se débarrassaient de leurs bonnets, de leurs écharpes, de leurs anoraks en hiver.

Et puis, à neuf heures pétantes, mon père, de sa seule apparition devant la porte, exigeait notre présence. On entrait en file indienne. Pendant quelques secondes, les chaises crissaient, les tables grinçaient, les cahiers tombaient à terre, des rires moqueurs fusaient mais, très rapidement, nous nous tenions tous à carreau. Le lieu s'imposait à nous. Et surtout, la peur du maître. Mon père disposait d'une autorité naturelle, personne n'aurait songé à discuter ses directives, chacun s'inquiétait de ses agacements, on était récompensé d'un sourire, ce qui se produisait rarement. D'ailleurs les parents eux-mêmes s'en remettaient à lui, comptaient sur lui, validaient par avance ses choix, n'auraient jamais songé à contester la moindre punition, houspillaient leurs fils devant lui quand ces derniers avaient eu une mauvaise note, histoire de montrer de quel côté ils se tenaient.

À ce sujet, ceci : mon père exerçait un tel magistère que certains pères de famille venaient le voir, en catimini, à la fin de la journée, ou le mercredi après-midi, pour lui demander de les aider à remplir leur feuille de Sécurité sociale, leur déclaration d'impôts, en échange ils lui apportaient des légumes de leur jardin, un poulet, au début il avait refusé le troc mais les avait sentis vexés, tout service méritait récompense, désormais il accepterait, ma mère était quelquefois surprise de trouver une douzaine d'œufs frais dans le frigo, ou un lapin prêt à cuire.

Les heures passaient, studieuses. On apprenait l'orthographe et la conjugaison, on écrivait sous la dictée, on ânonnait des récitations apprises par cœur, on faisait nos tables d'addition de soustraction de multiplication de division, on découvrait la géographie, aux murs étaient accrochées des cartes de France, avec le nom des fleuves et de leurs affluents, celui des villes, proportionnel à leur population, d'autres avec des reliefs, on découvrait l'Histoire, dont un tableau vertical nous rappelait les grandes dates, 800 le sacre de Charlemagne, 1431 la mort sur le bûcher de Jeanne d'Arc, 1685 la révocation de l'édit de Nantes, 1715 la mort de Louis XIV, 1789 la prise de la Bastille. Sur ces mêmes murs, pas de dessins d'enfants, une certaine austérité, nous étions là pour nous instruire.

Heureusement, notre journée était entrecoupée par des cavalcades dans la cour au moment des récréations, des balles aux prisonniers, des sauts à la corde pour les filles et par le déjeuner à la cantine, préparé par Louise, sorte de sosie de la Mère Denis. On avait droit à des carottes râpées, des salades au thon, en entrée, à des ragoûts, des blanquettes, des pot-au-feu, des omelettes aux champignons baveuses, comme plat de résistance, à des riz au lait ou à des tartes aux pommes au dessert. Tout provenait des alentours, tout était fait maison, tout était généreux en huile, en beurre.

À quatre heures et demie, la journée s'achevait et mes camarades disparaissaient à la façon dont s'évapore une volée de moineaux. La plupart rentraient chez eux comme ils étaient venus : par leurs propres moyens. Les parents n'étaient pas disponibles et, de toute façon, on ne risquait rien sur les routes qui ramenaient chez soi, pas de voitures, pas de malfaiteurs, pas de danger (mes frayeurs enfantines étaient infondées).

Olivier et moi restions dans la salle de classe, à faire nos devoirs et à écouter, chaque soir, sans exception, l'émission *Radioscopie* de Jacques Chancel sur France Inter. Ma mère réapparaissait vers dix-sept heures quarante-cinq et pouvait enfin nous récupérer.

Quand j'y repense, je me rends compte que, de nos deux parents, c'est notre père que nous voyions le plus, par la force des choses. Sinon qu'il n'était plus notre père, durant les heures de cours, mais notre maître, d'ailleurs nous levions le doigt pour lui demander la parole et nous nous adressions à lui en disant Monsieur et en le vouvoyant. La tendresse était maternelle.

Sur la photo de classe prise en septembre 1976 – la date a été, par précaution, griffonnée au dos –, on dénombre exactement dix-sept enfants. S'ils sont de taille et d'âge différents, c'est parce qu'ils couvrent la totalité d'un spectre qui va du CP au CM2. On maintenait ouvertes des écoles de village afin que les gens du cru n'aient pas une dizaine de kilomètres ou davantage à parcourir (ils ne pouvaient pas se le permettre, travaillaient au champ ou à l'usine aux premières heures du jour). La contrepartie de ces classes uniques, c'était que différents niveaux se retrouvaient ensemble et que le maître devait passer des uns aux autres tout au long de la journée, faisant cours aux grands tandis que les petits travaillaient en silence ou le contraire.

Je ne pourrais pas nommer tous mes camarades mais une partie non négligeable d'entre eux néanmoins : Franck Patrat, Pascal Patrat, Philippe Testaud, Thierry Turpaud, Patricia Turpaud, Nadia Priouzeau, Jean-Pierre Combaud, Dominique Bergeon, Thierry Sureau, Véronique Boussiron. Ils habitaient dans un rayon de cinq cents mètres au plus.

Les écoliers posent devant la grille, ils ont le soleil dans les yeux, ça devait être un de ces jours où l'été résiste.

Ils sourient, on jurerait que le photographe leur a raconté une blague juste avant d'appuyer sur le déclencheur de son appareil.

Ils portent des sous-pulls, ceux qui nous grattaient, des chemises un peu trop bouffantes, à carreaux, avec des cols pelle à tarte, les garçons ont des coupes au bol.

Ce qui me frappe, c'est combien nous respirons la santé, c'est le bon air de la campagne sans doute, qui fait les joues rondes, les bras potelés, la peau dorée.

Nous sommes tous blancs évidemment. On n'a pas la moindre idée de ce que c'est, les Noirs, les Arabes.

Il y a une modestie générale. Personne n'est riche mais personne ne manque de quoi que ce soit, même si certains ne possèdent pas grand-chose. On a appris à se débrouiller avec peu. Personne ne se plaint. Les classes sociales, ça n'existe pas. On est ensemble, sans distinction. Il n'y a pas de suprématie, de surplomb, de domination. D'aucuns ont simplement davantage de caractère, d'autres sont plus timides.

Ces enfants-là ne savent rien du monde, rien de Giscard, de la crise pétrolière, du terroriste Carlos, de la dictature militaire en Argentine, de la fabrique d'horlogerie Lip, des chômeurs qui sont maintenant plus d'un million, rien de « la France qui a peur », ou du « casse du siècle ». Ils savent juste qu'il y a eu une sécheresse au cours de l'été qui vient de finir. Les gens n'ont parlé que de ça.

Je suis convaincu que, si on montrait aujourd'hui cette photo aux enfants devenus des adultes, tous évoqueraient probablement un temps béni.

Ce que je sais, c'est que ce garçon qui est moi, sur la photo, ce garçon avec des reflets étrangement blonds dans les cheveux et un sourire légèrement narquois, était amoureux de Nadia Priouzeau. Elle habitait de l'autre côté de la route principale, dans un lieu-dit dénommé Le Petit Nouzillac. (Du reste, chaque hameau portait un nom : La Bonde, Chez Jadeau, La Vergne, Les Tortues.) Il fallait emprunter un chemin qui semblait interminable à mes courtes jambes et on tombait sur sa maison, celle de ses parents, en contrebas d'une petite colline. Juste avant la maison, il y avait un arbre gigantesque, centenaire à coup sûr, je dirais que c'était un chêne, avec des racines tentaculaires. On s'installait, elle et moi, au creux de ces racines, on se tenait la main, on se faisait parfois un bisou, on disait qu'on se marierait un jour.

Franck Patrat avait des vues sur elle et ne s'en cachait pas. Du coup, je me méfiais de lui, parce qu'avec ses yeux bleus et ses cheveux noirs, il était vraiment beau – la photo en témoigne, si on devait désigner le plus beau, on le montrerait du doigt, lui, ça ne fait pas un pli –, il aurait pu facilement me la ravir, je faisais promettre à Nadia de ne pas me quitter pour lui, elle promettait, elle riait de mes angoisses.

Le blond maigrichon, un peu triste, c'est Philippe Testaud. Lui habitait tout en haut de la route principale, dans ce qu'on appelait le domaine de Plaisance et qui était un grand corps de ferme, élégant. Son père était viticulteur. À côté de chez eux, Abel, le grand-père, avait installé une distillerie. Ils fabriquaient du cognac et du pineau. On disait : « le pineau des Charentes » comme on disait : « les bêtises de Cambrai » ou « les nougats de Montélimar ».

Les Turpaud, en revanche, habitaient en bas, le long du Petit Trèfle, qu'on désignait comme « la rivière » et qui était à peine un ruisseau mais dont l'eau fraîche et claire était un baume à nos chevilles au cœur du mois d'août.

Les Bergeon étaient nos plus proches voisins, je l'ai mentionné. Les parents, Annette et Jean-Paul, étaient tous les deux employés à la laiterie de Baignes. Il était fameux, le beurre de Baignes. Il y avait une fierté à travailler là-bas. Leur fils cadet, Dominique, un jour, deviendrait mon premier amant. Et voyez, sur la photo, nous sommes déjà côte à côte. Pourtant, quelle était la probabilité qu'il y ait deux garçons homosexuels, presque du même âge, à cinquante mètres d'écart, dans un village qui comptait moins de vingt enfants ?

Je suis retourné là-bas, il n'y a pas si longtemps. J'avais appris que j'étais malade. Je n'étais pas certain de guérir. D'ailleurs, de ces maladies-là, on est déclaré guéri, paraît-il, au bout de cinq ans seulement. J'étais en rémission. Je le suis toujours (comme le village ?). Alors on pense à la mort, forcément. J'ai voulu revoir le petit cimetière.

J'ai lu sur les tombes des noms familiers. J'ai décidé, à cet instant précis, que le mien s'y ajouterait, le jour venu.

En levant les yeux, j'ai pu repérer la fenêtre de la chambre de Dominique, et la cime du vieux noyer. Cela m'a arraché un sourire.

Après, j'ai marché un peu. En traversant la place, je n'ai vu personne. C'était un jour de semaine, me suis-je dit, pour ne pas désespérer tout à fait. Tout de même, j'ai constaté que quelques façades avaient été ravalées. J'ai alors pensé que des gens s'imaginaient un avenir ici. Sinon, à quoi bon ravaler ? Il aurait mieux valu laisser tout se corroder, s'écrouler. J'ai pensé qu'il y avait peut-être des enfants, le soir venu, dans ces maisons, des enfants qui pouvaient respirer le bon air, et contempler les rangs de vigne à l'infini, et ne pas risquer d'être écrasés en traversant la route. J'ai voulu croire qu'une certaine histoire continuait. Et j'ai été heureux de savoir qu'un jour, je reposerais là, et que mon sommeil serait tranquille.

SIMONE ET MOI

Nina Bouraoui

Je crois en la puissance des espaces. Je suis de tous les pays et de toutes les mers. Je suis de tous les nuages et de toutes les campagnes. Je suis de toutes les chambres, de tous les wagons de train et de toutes les cabines d'avion.

Je crois en la puissance des espaces parce qu'ils absorbent les corps et les transforment.

C'est par mon corps que j'ai pensé, occupé mon identité algérienne, traversant la Mitidja.

C'est par mon corps que j'ai pensé, occupé mon identité française, traversant la Bretagne.

C'est mon corps que Simone contrôlait quand, l'été, j'arrivais d'Alger dans sa maison de Rennes près du jardin du Thabor. C'est mon corps qu'elle scrutait, vérifiait : ma peau métisse, traversée des saisons chaudes, des brasiers et des orages qui leur succédaient. Simone, elle, était blonde aux yeux bleus. Longtemps j'ai cherché son visage dans mon visage.

C'était bien plus que de la peau, c'était le vêtement d'Alger qu'il fallait défaire ou ajuster.

Simone regardait chacun de mes gestes, chacun de mes mouvements : « Ne marche pas pieds nus, redresse les épaules, pense que ton crâne est tiré vers le haut par un fil invisible. »

Elle voulait tout savoir, tout connaître, tout apprendre de ce corps qui arrivait de loin.

Dans les années 1970, l'Algérie était un jeune pays indépendant, à peine divorcé, à peine émancipé de son occupation française. Je venais de là, j'arrivais avec cette valise, le temps de mes grandes vacances.

Simone désirait me réintégrer à la France, me faire perdre mon « algérianité ». Je crois que cela la rassurait. Pour se lier, comme deux pièces d'un puzzle, je devais lui ressembler, sinon je restais la branche manquante de son arbre généalogique, et Simone détestait l'imperfection.

Je me laissais faire, j'aimais obéir et apprendre, certaine que le savoir arrache à l'enfer des peurs – mon enfance fut riche en interrogations et en tourments.

Avec Simone, j'allais apprendre à devenir française, le temps d'un été puis de tous les étés.

Tel fut notre pacte : « Tu viens ici, mais tu viendras d'ici aussi. »

Ma France débutait en douceur. Simone m'attendait sur le perron de sa maison, ouvrant ses bras et me serrant contre son cœur : « Entends-tu comme je suis heureuse de te voir ? »

La peau de Simone sentait le parfum du savon à la rose. Ses baisers étaient secs, mais nombreux. La maison, elle, sentait le bois, les tapisseries, les fleurs du jardin composé à la française avec un palmier qui semblait percer le ciel, coquetterie des années 1940. Une baie vitrée ouvrait le rez-de-chaussée sur l'extérieur, bien au-delà du buis et du parterre de capucines, on pouvait voir le clocher de la basilique. Le son des cloches : c'était ça, la France.

Mon intégration passait encore par le corps, puisque je découvrais une nouvelle nourriture, quenelles de brochet, rôti de porc, crêpes et galettes de sarrasin. Dans la cuisine, l'énorme four Aga semblait fonctionner depuis la nuit des temps. L'Algérie avait sa jeunesse, vive, insolente, turbulente, parfois violente, électrique, emplie de désir, d'envie, d'idéaux, tout était tendu vers l'avenir, tandis que la France me reliait au passé.

La maison de Simone devint mon château, avec ses secrets, ses chambres interdites ; elle avait échappé aux bombardements, ma mère y avait grandi avec son frère et ses trois petites sœurs, sa structure, sa situation l'opposaient à l'appartement algérien qui faisait face à la forêt d'eucalyptus et front à la mer : tous les matins je regardais les pétroliers quitter le port, imaginant leur trajet vers des contrées lointaines ; partir, revenir, ainsi allais-je rêver puis construire ma vie future, certaine qu'il fallait voyager pour sentir la vie battre en soi.

Oui, je crois en la puissance magique du mouvement, en notre propension à nous approprier les territoires, à devenir les poètes des étoiles, des récifs et des vastes forêts. Les espaces nous dévorent, nous nous souvenons d'eux et ils se souviennent de nous. La maison rennaise garde les vestiges de mon enfance française et la protège, il me suffit aujourd'hui d'en franchir le seuil pour saisir par les épaules la petite fille que j'étais.

J'avais le sentiment d'une métamorphose. Ma première nuit était difficile, ma mère me manquait, je m'endormais avec l'un de ses foulards imprégné de Chanel N°5 dans ma main, entendant au loin les moteurs des mobylettes, les rires de ceux que ma grand-mère appelait les Jeunes, énigme encore absolue pour moi en proie aux ténèbres de la nuit : j'avais beaucoup d'imagination et un don pour me punir, j'avais le sentiment d'abandonner mon Algérie, de me donner à la France comme l'on donne son cœur à un ami.

Les jours qui suivaient étaient consacrés aux examens, des dents, des yeux, du squelette. Je devenais un petit cheval, docile et conciliant.

Simone m'emmenait à la boulangerie, récompensant mon courage, ma patience, mais moi je comprenais tout, m'exécutais sans protester, ouvrant la bouche, pliant les genoux, mon corps français devait se révéler, apparaître, prendre la place de l'autre corps, l'algérien.

Je choisissais une pochette-surprise et une part de flan : la France, c'était le goût du sucre, l'odeur des croissants chauds et des pains au chocolat.

Nous ne restions pas longtemps à Rennes, Simone possédait une villa, Noroît, à Paramé, en bord de mer, à cinq kilomètres de Saint-Malo.

Mes vacances étaient solitaires, ne me liant à personne de mon âge, 7 ans est un continent en soi, je m'y tenais cachée, n'ouvrant la porte qu'à Simone que je ne quittais plus. Nous formions un couple, elle avait remplacé ma mère qui me manquait de moins en moins, je faisais l'apprentissage de l'indépendance, m'en félicitais, y trouvais une nouvelle joie, je me sentais forte loin des miens, plus libre, portant mon masque français qui, je devais l'avouer, me ravissait.

Simone était sévère, mais juste, il me semblait apprendre la vie droite à ses côtés, moi qui marchais de travers, étrangère aux autres et à moi-même.

Quand la mer se retirait, nous partions à l'assaut d'une crique éphémère que seule Simone connaissait, nous nous installions contre la digue, en retrait, face au grand rocher du Davier que nous pouvions presque gagner à pied. La mer se volatilisait comme le temps, dans cette petite anse.

Simone m'apprenait son pays, la Bretagne, ses légendes. Simone croyait aux sorcières, aux revenants.

Je ne pensais plus à ma nature algérienne, je ne la reniais pas, la recouvrais, comme l'eau, dans la nuit recouvrirait le sable et les coquillages de la plage du Pont, ainsi que l'empreinte de nos pas.

Nous montions au sommet des falaises de La Varde par un chemin intérieur qui nous protégeait des rafales de vent et parfois de la pluie ; une fois arrivée, il me semblait être au centre d'un champ de bataille, en raison des blockhaus, des douilles de balles rouillées que je ramassais.

J'entendais le bruit de la guerre, les avions et les obus, mêlé au son de la voix de Simone qui me racontait comment ils avaient fui Rennes pour se réfugier à la campagne, dans une ferme, à Pipriac, elle et ses enfants, dont ma mère. C'était aussi cela mon pays français, la Seconde Guerre mondiale, la peur du lendemain, la privation, le passé de ma mère, son enfance qui soudain se confondait à la mienne, mon histoire épousait la grande histoire, je venais de là, sans en avoir conscience : « Le sang est aussi composé du sang des autres, disait Simone. Pour cette raison on ignore parfois la cause de sa tristesse, le désir de ses combats. »

Simone m'a enseigné sa France, j'en garde une image pâle, comme je pourrais le dire d'une photographie qui a perdu ses couleurs avec le temps ; je ne sais pas si c'est parce que Simone a disparu que j'ai le sentiment que cette France n'existe plus ou si mon regard sur la

France a changé en vieillissant, je n'essaye plus de la conquérir, vivant sur ses terres depuis plus longtemps désormais que je n'ai vécu sur les terres algériennes.

Les espaces définissent, rendent libres ou nous emprisonnent, gardant notre histoire comme des fossiles qu'il faudrait apprendre plutôt que détruire : nous nous efforçons à effacer nos traces et nous avons tort. Ma mémoire est souvent française, Simone y règne, reine de mon royaume.

Simone, née en 1912.

Simone la Normande, qui vivait en Bretagne et chantait « Toréador, ton cœur n'est pas en or ».

Simone, chirurgien-dentiste, seule femme de sa promotion.

Simone, pianiste aux doigts fins.

Simone, petite femme en tailleur clair et en manteau de fourrure l'hiver.

Simone et sa génération de teckels, Quicked, Ouika, Favia.

Simone avait aménagé un salon bleu dans la maison de Rennes, en périphérie du salon officiel. Il abritait sa collection de statues, de porcelaines, de livres anciens. Elle y installera sa chambre pour s'éteindre un jour d'automne.

Je comparais son petit salon bleu à une partie de son esprit qu'elle ne révélait à personne.

Simone et son regard triste qui allait bien au-delà de l'île de Cézembre, vers un lieu qu'elle seule connaissait. À quoi pensait-elle quand son regard revenait vers moi et qu'elle lançait : « Ta peau est si brune et la plante de tes pieds si blanche » ?

Étions-nous à tout jamais des inconnues ?

Nos promenades à La Varde s'achevaient par une leçon de fleurs dont elle égrenait les noms, un par un, pour que je les retienne. Ce n'était plus le jasmin, le mimosa et la glycine, c'était la menthe, l'aneth et les hortensias.

Le petit chien ouvrait notre marche, ivre d'iode, c'était cela ma France, le parfum des sapins des villas en bord de mer et le chant des tourterelles.

Quand Simone ne parlait pas, je lui racontais des histoires d'extraterrestres, elle disait : « C'est bien d'inventer, c'est ainsi que l'on arrête le train du temps. »

Le train du temps, je le prenais avec elle les yeux fermés, je lui faisais confiance, même si son Algérie n'était pas la mienne, mais celle de sa fille, ma mère, dont elle n'avait pas compris le choix, partie en 1962 pour Jijel quand les colons quittaient « el país », disait Simone, ce que j'entendais par : un eldorado perdu, que l'on regrette à tout jamais.

Simone faisait plier mon corps comme le vent faisait plier les champs d'herbes sauvages de la côte d'Émeraude : Rothéneuf, plage du Val et, de l'autre côté, Dinard, Saint-Briac, Saint-Lunaire.

Simone me conduisait sur les chemins de sa jeunesse, quand, après la guerre, elle décida d'acheter sa villa au bord de l'eau hors de la ville, loin du cabinet dentaire, des patients, de leur souffrance qu'elle soulageait sans que personne ne puisse soulager la sienne.

Je la suivais du regard depuis le petit escalier qui menait à la plage du Minihic, puis la rejoignais en courant comme si j'allais la sauver d'un danger imminent. Ensemble, nous admirions les marées d'équinoxe qui noyaient les berges du Sillon et, quand la mer se retirait enfin, nous nous tenions sur les remparts de Saint-Malo, forteresse dont je me sentais le capitaine et l'écrivain, Chateaubriand y avait non loin son tombeau.

La lumière française n'était pas ma lumière de la Mitidja, pas de feu, pas de brasier, elle était douce et sans bruit, nulle étincelle ne crépitait sur l'étendue de sable humide qui formait un nouveau champ qui serait le mien.

Simone disait : « Tu as une jambe bretonne, une jambe algérienne, à toi de marcher droit sans pencher d'un côté plutôt que d'un autre. » Simone ne me demandait pas de choisir, si j'apprenais sa France, elle apprenait au cours de nos étés particuliers ma double nature qu'il ne fallait pas abîmer.

Une fois par semaine, nous nous rendions au casino de Saint-Malo pour un spectacle de danse ou de magie. Bien plus tard, j'appris que Simone aimait jouer aux machines à sous, gagnait souvent, redistribuait toujours : l'argent de la chance n'est pas l'argent du travail.

Quand je désirais un jouet : « Le mérites-tu vraiment ? »

Si je manquais d'appétit : « Tu ne grandiras pas. »

Je ne sais pas si je marche droit, si le fil qui me tire vers le ciel est bien tendu, si Simone trace encore la route que je dois prendre pour ne pas me perdre comme je me perdais dans le terrain vague en contrebas de la villa Noroît, les ronces et les orties griffant ma peau.

Nous dormions ensemble dans la chambre aux lits jumeaux, je la regardais s'assoupir, les mains croisées sur son ventre : « Si la mort me prend dans la nuit, je serai dans la bonne position. »

Simone et deux gouttes de menthe sur un sucre pour le mal de ventre.

Simone et sa boîte de Tic Tac.

Simone et sa longue-vue les jours de régate.

Simone et le mange-disque rouge qu'elle m'avait offert un jour de mélancolie.

Simone et les disques 45 tours : Hervé Vilard, Gilbert Bécaud, Dalida pour ses robes et ses cheveux en cascade.

Simone et la mélancolie contagieuse.

Simone faisait tourner les tables, déréglait le cadran de ses montres, devinait l'appel d'un ami, une lettre qui allait venir.

Simone : « L'intuition est une forme d'intelligence, tu ne dois pas l'oublier. »

Simone et moi dans l'hydroglisseur qui menait à Jersey, parce que sur une île tout le monde devient un autre, mais jamais un étranger.

JE ME SOUVIENS DE MA CORRÈZE

Franck Bouysse

Je suis né au pays des trois roches, voici plus d'un demi-siècle, dans un petit village, tout près de Pompadour, à l'ouest de la Corrèze, terre ancestrale des Lémovices, baptisée dans le sang après une révolution. Jadis, le pays était réputé pour la fabrication de ses *couades*, de grandes louches en bois dont on se servait pour boire l'eau de source ou de fontaine. Les panneaux indiquant les lieux dits rappellent un temps où des regards de braise incendiaient la nuit et attisaient les peurs : la Croix du loup, le Trou du loup...

La Corrèze est une terre de paysans, leur nombre s'est réduit au fil des années, à l'inverse de la taille des exploitations. On trouve peu d'usines ou d'industries. À croire qu'ici, la nature a encore voix au chapitre. On dit les gens du cru avares de leurs mots. Taiseux est un terme trop réducteur pour exprimer ce qu'ils sont. Quand ils aiment, ils donnent sans compter, leur chemise et leur pain, tout, sauf les mots qu'ils ne possèdent pas. On ne leur a pas appris.

Le pays se parcourt en empruntant des routes de campagne, des chemins creux, des sentes d'animaux sauvages, des bois et des forêts, des prairies verdoyantes. Les trains à grande vitesse ne passent pas et l'aéroport de Brive est fréquenté par de petits coucous et quelques grands oiseaux voyageurs. Il y a des inconvénients qui surpassent certains avantages. Les gens pressés n'ont rien à offrir, qu'un émerveillement factice, une sincérité de façade.

J'ai longtemps cru que je pourrais oublier d'où je viens, étouffer les racines familiales, en faire pousser de nouvelles. Durant les années d'exil volontaire, elles travaillaient dans l'ombre au réveil d'une dormance prolongée. J'ai dû me rendre à l'évidence, ma chair est aussi faite de cette terre, mon squelette de rochers, et ma mémoire s'abreuve à un profond et bouillonnant magma enfoui en profondeur. Il me faut maintenant remonter le temps jusqu'à l'enfance, là où précisément s'ancre une histoire commune. Le moment est venu de planter le décor.

Je me souviens de ma grand-mère maternelle, que j'appelais mémé Marie, tapotant la vitre du baromètre du revers d'un doigt chaque fois qu'elle entrait dans la maison, y allant d'un commentaire joyeux ou dépité en fonction de la tendance météorologique. Elle avait perdu son mari, deux ans après la fin de la Deuxième Guerre mondiale, fauché par une voiture sur le bord de la route. Elle était alors âgée d'une trentaine d'années, avait un fils et une fille à élever, une ferme à faire tourner. Ma mère avait quatre ans. Mon oncle, qui en avait quatorze, n'eut d'autre choix que de se mettre au travail, devenir l'homme de la famille. Marie ne se remaria jamais. Sa vie de femme s'arrêta net après le drame, pour ce que j'en sais. Les difficultés ne lui laissaient guère de temps ni de répit dans ce milieu paysan où les hommes dictaient leur loi. Il y eut heureusement des âmes charitables au cours de son existence, des gens de bonne volonté qui allégèrent un peu son fardeau. Elle n'était pas en reste pour les remercier. La ferme de la Genette était réputée pour son accueil et le talent de la cuisinière à préparer un pâté de pommes de terre, une *mique* ou encore un lapin à la polonaise, dans lequel je découvris un jour une de ses aiguilles de couturière qu'elle piquait au revers du col de sa blouse. Je la revois encore, terrorisée à l'idée que je puisse l'avaler.

Je me souviens de ma mère nous lavant, ma sœur et moi, dans l'évier de la cuisine, de l'eau fraîche qui me glaçait le sang, de nos rires d'enfants, des gouttes atterrissant sur la toile cirée, des hommes en bout de table qui buvaient le vin en nous observant d'un air sévère, sous la pendule murale achetée à l'horloger d'Uzerche et que l'on remontait alors à l'aide d'une clé.

Je me souviens des W.-C. extérieurs attenants aux clapiers, de l'ombre de la glycine le soir qui ressemblait au profil d'une sorcière.

Je me souviens de la première fois qu'on me confia la mission d'aller tirer du vin seul à la cave. Il fallait descendre un escalier en bois éclairé d'une mauvaise ampoule poussiéreuse en prenant garde de ne pas chuter. Une fois arrivé dans l'antre, je glissais le goulot de la bouteille sous le robinet qui se mettait à couiner comme une petite bête apeurée, dès que je le tournais. Une délicieuse peur m'envahissait dans cet espace humide grouillant d'araignées et de mille-pattes, pendant que s'écoulait le vin. Cette peur ne parvenait pas à gâcher mon plaisir, que je paraphais en goûtant le breuvage normalement réservé aux hommes. Je suis retourné, il y a peu, visiter la cave de mon oncle. Les barriques ont disparu. Ne subsistent que les madriers originels, semblables aux traverses d'une voie ferrée désaffectée.

Je me souviens des nuits d'orage, quand on me réveillait en hâte pour rejoindre la cuisine. Trois générations soucieuses, prêtes à quitter la maison au cas où tomberait la foudre et que le feu prendrait. Nous étions attablés en silence autour d'un coffret, posé sur la table, renfermant les biens les plus précieux de la famille. Il n'était pas bien gros. La foudre ne tomba sur aucun des bâtiments de la ferme, elle se contentait de frapper l'arbre esseulé qu'on ne coupait jamais.

Je me souviens des vaches sortant de l'étable chaque matin, excitées à l'idée de brouter l'herbe tendre des *Prades* ou des *Condamines*, de leurs meuglements d'impatience devant le portail fermé, du fracas des bouses s'écrasant dans la cour empierrée, des jurons en patois de mon oncle, *que le diable te mange*. Nous conduisions le troupeau un bâton à la main. Dolly, le berger allemand, guettait les bêtes volages et les faisait rentrer dans le rang. Nous prenions notre petit-déjeuner au retour : un bol de lait tout juste tiré au pis, de larges tranches de pain de campagne frottées avec une gousse d'ail et recouvertes de lard de cochon, de quoi affronter la journée sans risquer l'hypoglycémie. Nous ramenions les vaches au soir afin qu'elles nourrissent leurs petits. L'élevage de veaux sous la mère était un véritable sacerdoce.

Je me souviens des ruisseaux poissonneux. Je pêchais la truite, le goujon et la *gardèche*. L'été, je posais des balances garnies de puants viscères de poulet. D'une démarche placide, de grosses écrevisses à pattes blanches se laissaient piéger, irrésistiblement attirées par le fumet. Depuis les étangs alentour montait le chant des grenouilles, que nous attrapions avec un pétale de géranium piqué à un hameçon, pendant que le martin-pêcheur jetait son cri en frôlant la surface, prélevant au passage un alevin. Des libellules se tenaient en embuscade sur les joncs, prêtes à fondre sur une proie, comme des fauves en pourpoint chamarré.

Je me souviens des arbres que l'on coupait l'hiver, que l'on débitait, fendait et empilait avec précaution. Le fusil à canons juxtaposés était appuyé sur un tronc, pour le cas où passerait un vol de pigeons ramiers. On sciait le bois avant l'hiver, dans la cour de la ferme. Je faisais passer les barres pendant de longues heures et m'endormais le soir avec en tête l'écho des hurlements de la scie. J'appris le nom de toutes les essences et le parti que l'on pouvait tirer de chacune, principalement le châtaignier, le chêne, l'acacia, le hêtre et le charme.

Je me souviens de la neige qui tombait chaque année à partir de décembre et tenait au sol des semaines, de ce temps ralenti qui amendait la terre et faisait reverdir les pâtures au printemps, des glissades sur des luges de fortune faites de sacs d'engrais garnis de foin. Lorsque le soir venait, on se réfugiait près d'un feu de cheminée, assis sur le banc du *cantou*, pendant que frémissait une soupe à l'oignon sur la cuisinière à bois. Les enfants parlaient peu. Les yeux brillants, j'écoutais les adultes raconter de longues épopées, vécues ou inventées. Leur sourire ne parvenait jamais à effacer la nostalgie qui immanquablement les rattrapait.

Je me souviens d'un monde apaisé, où le silence avait encore son mot à dire, où l'on savait ce qu'il en coûte de trahir un ancêtre. Respecter les héritages et les traditions pouvait justifier une existence. Le jeu n'en valait pas toujours la chandelle, mais une flamme, même vacillante, vaut mieux que pas de feu du tout.

Je me souviens de la terre fleurie de mycéliums indiquant les coins à champignons. Je garnissais mon panier grillagé tapissé de fougères : girolles, bolets à tête noire ou claire, et je me souviens de la Saint-Michel annonçant la fin de la pousse.

Je me souviens du dimanche matin, quand je me rendais à la messe. Mes cousins, ma sœur et moi montions dans le bourg à pied. Avant l'office, les fidèles se rejoignaient sur la place du marronnier, puis entraient dès que retentissait la sonnerie des cloches. Le bénitier se muait en étang quand de vieilles demoiselles tout enrobées de noir chantaient en chœur la gloire du Très-Haut, tels des oisillons réclamant la becquée, couvrant la voix de fausset du curé. Contrairement à beaucoup de femmes du village, ma grand-mère, ma mère et ma tante n'allaient jamais à la messe. Longtemps, je me suis demandé pourquoi. Elles avaient certainement plus le goût du sacré que celui d'honorer un dieu perché sur un nuage. À la sortie, nous entrions dans l'épicerie-quincaillerie, acheter avec notre argent de poche des pétards, des bonbons ou encore des cigarettes en chocolat. C'est dans la boutique de M. et Mme C. que je fis l'acquisition de mon premier canif au manche en corne.

Je me souviens de l'arrivée des chasseurs, sur les coups de midi. Les hommes du village allaient peu à la messe. J'imagine que les vastes forêts parcourues valaient des cathédrales et les prairies de somptueux parvis. Chacun prie comme il peut. Dans le carnier au dos de leur veste dépassaient bien souvent l'oreille d'un lapin ou d'un lièvre, les plumes d'un faisan, d'une perdrix ou d'une bécasse. Un jour, j'aurais le droit de les accompagner. Nous nous retrouvions autour d'une grande tablée, lors de repas interminables. Les hommes enjolivaient leur matinée de traque, des rires fusaient immanquablement et parfois des colères. Ils étaient mes héros.

Je me souviens des sorties du samedi soir dans les boîtes de nuit de la région. Les plus proches s'appelaient La Riviera et Les Cornadis. Je buvais du Malibu orange et du whisky-Coca. J'observais les filles se déhancher sur les standards de Goldman, Madonna, The Police, fantasmant devant leurs corps qui s'exprimaient en toute liberté. J'attendais l'heure des slows. Le rythme me convenait mieux, ainsi qu'à la grande majorité des garçons. Il y eut ce premier baiser, offert par une gamine au regard doux. Le premier amour, que l'on croit éternel. Elle était fille de charpentier et rêvait de partir loin. J'eus droit aux foudres de ma mère, le jour où je refusai d'aller rentrer les foins, préférant rejoindre cette fille. Ma première véritable rébellion contre l'héritage familial.

Je me souviens de la lente érosion de ce monde, de la fermeture de l'école, des commerces, des maisons aux volets rabattus qu'on ouvrait aux vacances dans le meilleur des cas, de la dernière fête foraine. De toutes les dernières auxquelles j'ai assisté. Depuis longtemps déjà, le progrès avait mis le cap sur tous les excès, mais nous n'en avions pas conscience. Nous vivions une harmonie fragile, au milieu de paisibles animaux et d'humains qui savaient encore prendre le temps. Nous n'avions pas davantage conscience de vivre des moments uniques. Ces moments désormais gravés dans le bois de ma peau.

Je me souviens de cette Corrèze, ma Corrèze.

Et puis je suis parti, moi aussi, ainsi que la plupart des jeunes qui n'avaient pas de ferme à reprendre. Je rendais de temps en temps visite à ma famille. Je ne m'attardais pas. J'avais d'autres chats à fouetter : une vie professionnelle, une autre personnelle, des responsabilités, comme on dit.

Les années ont passé et ce fut l'heure des retrouvailles. J'ai commencé par revenir en Corrèze au travers des mots que j'écrivais, avant d'y retourner physiquement, comprenant que l'essentiel pour un homme est de trouver sa place.

J'ai vécu dans bien des maisons et des appartements au cours de ma vie, mais la ferme demeure ce *chez-moi* irrévocable, inaliénable, un royaume à défendre, là où mon cœur trouva son propre rythme, là où ma mémoire engrangea les visages, les odeurs, les couleurs, les matières, les formes, les sons, le silence, les valeurs transmises, et même les sentences.

En retournant vivre en Corrèze, j'ai constaté qu'elle avait vieilli à cause des dérives des politiques agricoles successives. On a lifté sa peau à coups de charrue, de tronçonneuses et d'*abatteuses*. Par endroits, elle n'a même plus de peau, ses chairs sont à vif. On l'a *botoxée* à grand renfort d'épandages d'engrais et de pesticides, on a stérilisé des sols, détruit des équilibres millénaires en quelques décennies.

Malgré tous les ravages, sa beauté est encore grande pour celui qui la regarde vraiment. Je sais qu'elle s'en sortira, que ses plaies guériront. Elle a le pouvoir de se régénérer quand les humains abandonnent le terrain. J'ai retrouvé le goût de m'y perdre. Je me laisse alors envahir par un sentiment mêlé de plénitude et d'accomplissement. Elle a le pouvoir de me consoler, de dépasser mes chagrins. Lorsque je touche l'écorce d'un arbre, que je m'assois sur un rocher pour regarder le vent brosser le pelage d'une prairie, j'entends résonner au loin la sage parole des anciens, que je continuerai de porter, à ma manière. Une force m'envahit. Je sens mes racines puiser leur nourriture, et je reprends confiance lorsque j'entends pépier les moineaux, grésiller les insectes, *mélodier* le crapaud accoucheur, pérorer les chevreuils, et les dames blanches provoquer l'obscurité. Je vois de nouveau le lézard émaillé de vert, de jaune et de bleu allongé sur un muret, la huppe couronnée posée sur un piquet, le pic-vert au vol saccadé, les carapaces d'écrevisses abandonnées au bord de la rivière par les loutres discrètes.

Bien sûr, la lutte contre les abus en tous genres est loin d'être gagnée, mais on ne doit jamais baisser les bras. Chacun, à son échelle, doit prendre part à cette mission vitale. Je ne suis pas un nostalgique, sinon je ressasserais jusqu'à la fin : *c'était mieux avant*. Non, tout n'était pas mieux avant. Il y a des choses à gommer et des leçons à tirer du passé, petites ou grandes, afin de ne pas répéter les erreurs.

Je tente de faire au mieux dans ma vie empreinte d'une douce mélancolie me rattachant à une époque révolue, dont j'ai oublié bien des choses depuis, mais rien de ce temps, qui s'étira de la petite enfance jusqu'à l'adolescence.

Ma Corrèze, tu es et demeureras pourvoyeuse de mots, sur lesquels poussent des mondes sans clôtures ni frontières, sans considération de terroir ou de territoire, au profit d'une terre universelle.

LA LETTRE ET LA LOIRE

François-Henri Désérable

Quand je suis arrivé à la maison Julien-Gracq, à Saint-Florent-le-Vieil, sur la rive gauche de la Loire, je savais que ça n'allait pas très fort, je savais qu'il y avait lieu d'être inquiet, mais j'étais loin d'imaginer qu'un décret assignerait bientôt les Français à résidence pour lutter contre la propagation d'un virus que nous n'avions pas encore appris à nommer.

À sa mort, Julien Gracq a légué sa propriété à la Fondation de France, sous la condition qu'elle devînt, selon ses mots, « un séjour temporaire de repos ou de travail destiné à des écrivains ». J'avais postulé pour y résider deux mois durant, et les hasards avaient voulu que mon séjour se fît pendant ce qu'on appellerait bientôt, avec une solennité douloureuse : *le premier confinement*. Qu'est-ce qu'une résidence d'écriture, sinon une réclusion consentie, un isolement temporaire, un autoconfinement ? On se soustrait provisoirement au monde, à ses impératifs, à ses exigences intempestives, aux contingences matérielles de la vie, à tout ce qui chaque jour conspire contre l'acte d'écrire pour s'y adonner tout entier. J'avais prévu de m'autoconfiner, et voilà que la France entière se mettait au diapason.

J'étais donc à Saint-Florent-le-Vieil, « Petite Cité de caractère® », telle que la vantaient les brochures distribuées à l'Office de tourisme, dans la grande maison d'un grand écrivain, avec pour seule compagnie son fantôme, les deux mille livres de sa bibliothèque et la Loire à mes pieds. Quelques jours plus tôt, j'avais décidé d'ajourner la publication d'un roman prévu pour septembre. « Un ouvrage est fini, estimait Cioran, quand on ne peut plus l'améliorer, bien qu'on le sache insuffisant et incomplet : on en est tellement excédé qu'on n'a plus le courage d'y ajouter une seule virgule, fût-elle indispensable. » J'y souscris. Mais j'étais encore loin d'être au stade, par lequel chaque écrivain passe de manière plus ou moins prononcée, où la simple vue de mon manuscrit déformerait mes traits dans une convulsion de dégoût ; plus je relisais mon roman, plus je voulais y apporter des retouches. Je devais m'y résoudre : *Mon maître et mon vainqueur* n'était pas prêt. Mais peut-être au fond était-ce moi qui n'étais pas prêt à le voir publié ? C'était un roman d'amour, et depuis que j'avais commencé à l'écrire, ma vie amoureuse était un champ de ruines encore fumantes, une terre vaste et désolée, et comme le fait dire Julien Gracq au jeune Aldo dans *Le Rivage des Syrtes*, je crois pouvoir affirmer aujourd'hui qu'elle m'apparaissait alors « irréparablement creuse », que « le terrain même sur lequel j'avais si négligemment bâti s'effondrait sous mes pieds ».

À la Maison Julien-Gracq où j'étais venu pour écrire, où il n'y avait rien à faire sinon écrire, je ne parvenais pas à écrire. Pas une ligne. Et si d'aventure il arrivait qu'une phrase me vînt à l'esprit, aussitôt l'avais-je tapée sur le clavier qu'elle me paraissait banale, ordinaire, convenue. Depuis que j'ai 18 ans, je m'efforce à emplir le cours de mon existence en lisant, en écrivant. Lire m'est facile, écrire beaucoup moins. Aux rares moments où j'éprouve le ravissement d'écrire sans effort se substituent le plus souvent des périodes que je qualifierais d'*assèchement de la plume*, où la moindre ligne me semble nulle et non avenue. C'était le cas à la maison Julien-Gracq. Je me sentais d'autant plus inutile, d'autant plus incapable qu'un ami m'avait obligeamment rappelé que, pendant l'épidémie de grande peste qui ravageait Londres en 1603, Shakespeare avait commencé *Le Roi Lear.* À défaut d'écrire, donc, je lisais, je passais mes journées à lire et, le soir venu, j'allais me promener, l'esprit léger mais le cœur lourd, sur les berges de la Loire.

En ouverture des *Eaux étroites*, Gracq évoque le plaisir de l'excursion « sans aventure et sans imprévu qui nous ramène en quelques heures à notre point d'attache, à la clôture de la maison familière ». C'était cela, c'était même *exactement* cela : toujours le même point de départ, le même itinéraire, le même point d'arrivée – et toujours le même envoûtement. L'hiver était encore là, mais l'hiver était doux, comme un post-scriptum de l'automne. Je sortais de la maison par la rue du Grenier-à-Sel, longeais jusqu'au pont le quai de la Loire, laissais dans mon dos « la belle voilure frissonnante des peupliers » de l'île Batailleuse, et remontais la Grande Rue jusqu'à l'église abbatiale qui, depuis son promontoire, domine le village et le fleuve. De là, à travers les fougères serpente un sentier qui descend vers un ancien chemin de halage, long de cinq kilomètres, rebaptisé promenade Julien-Gracq en hommage à l'écrivain florentais qui l'empruntait journellement. Pendant l'hiver, la Loire a le sommeil léger, alors elle sort de son lit. Les premiers jours, le chemin était encore à moitié inondé, puis, de semaine en semaine, je vis le fleuve se retirer toujours plus, son débit diminuer, dévoilant des grèves de sable où se posaient régulièrement les oiseaux. La flore du coin m'était peu familière, et la faune encore moins. J'écris *oiseaux*, car c'est un nom générique, et parce que j'étais bien en peine de distinguer telle espèce de telle autre. J'appris néanmoins à reconnaître le cormoran à son plumage, le grèbe huppé à sa calotte, le héron cendré à la façon qu'il a de voler le cou replié en arrière. J'appris aussi à distinguer les diverses embarcations qu'on trouve sur les eaux de la Loire, de la simple barque amarrée parmi les roseaux en passant par le chaland, la gabare ou la toue cabanée. Quand j'avais marché une demi-heure, je rebroussais chemin. J'arrivais à la maison, je relevais le courrier : il n'y avait rien pour moi.

Et puis un soir que je rentrais de ma promenade quotidienne, je trouvai une lettre. Une lettre à mon nom envoyée depuis Nice aux bons soins de ma maison d'édition, qui l'avait fait rediriger vers ma retraite des bords de Loire. Je décachetai l'enveloppe. L'encre était noire, la calligraphie élégante, un brin surannée ; c'était la belle écriture cursive, ronde, avec force boucles, qu'enseignaient à nos aïeux les hussards noirs à barbiche et montre à gousset, au temps des lois Ferry. Je songeai à la Troisième République, aux cartes sépia où posaient fièrement des soldats en pantalon garance, aux lettres parfumées de sueur et de sang qu'envoyaient à leurs marraines de guerre les poilus, depuis les tranchées de 14. Dans le coin supérieur gauche, en plus de son adresse et de son numéro de téléphone, figurait le nom du mystérieux expéditeur : le poilu était une femme ; elle s'appelait Camille. Une grand-mère, pensai-je, qui m'aura écrit pour m'informer qu'elle avait lu tel ou tel de mes livres, qu'elle n'avait pas eu de *déplaisir* à le lire, mais qu'elle y déplorait les passages égrillards (j'étais coutumier du fait, j'avais déjà reçu de telles lettres). Celle-ci commençait par « Cher François-Henri », rien d'anormal, c'était l'usage. Elle se poursuivait par un « Vas-tu enfin me laisser tranquille ? » un peu plus inattendu, mais qui me confortait dans l'idée que j'avais affaire à une dame *d'un certain âge* : elle prenait la liberté du tutoiement, elle en avait après tout bien le droit, elle aurait pu être ma grand-mère. Elle avait, disait-elle, entendu sans écouter mon nom se glisser dans les conversations de ses amis. Puis il y avait eu le confinement, qui l'avait vue échouer à Nice (quand vient l'hiver, les vieilles dames, c'est bien connu, vont réchauffer leurs vieux os sous le soleil de la Côte d'Azur), chez des parents à elle, dans la bibliothèque de qui, « la tête légèrement penchée sur la gauche », elle avait trouvé mon dernier roman. Les journées étaient longues, au temps du corona ; il fallait bien les occuper ; elle s'était mise à le lire. J'y racontais, dans ce roman, comment je m'étais un jour retrouvé par hasard à Vilnius, devant l'immeuble du n° 16 de la rue Grande-Pohulanka, où Romain Gary avait passé quelques années de son enfance ; comment devant cet immeuble je m'étais souvenu de ma lecture de *La Promesse de l'aube*, et notamment du chapitre où Gary nous dit que son voisin, un certain M. Piekielny, « souris triste à la barbiche roussie par le tabac », lui a fait promettre, quand il sera devenu « quelqu'un d'important », de toujours prononcer son nom devant « les grands de ce monde ». Je racontais aussi comment Gary s'était acquitté scrupuleusement de sa promesse, comment devant le général de Gaulle, devant la reine d'Angleterre, devant « les hauts dignitaires et les bâtisseurs pour mille ans » il n'avait jamais manqué de mentionner l'existence du petit homme. Je racontais enfin l'enquête que j'avais menée pour retrouver les traces de cet incertain M. Piekielny, dont la vie s'était vraisemblablement achevée comme celle de quelques autres millions de Juifs d'Europe. La vieille dame avait donc lu ce roman, et l'ayant terminé elle avait mis à profit l'heure de sortie quotidienne que nous octroyaient nos gouvernants pour déambuler dans les rues désertes de Nice. Elle aurait préféré cheminer sur la plage de galets, ou longer le bord de mer, mais quand il s'agit de nous les briser nos gouvernants font preuve d'un zèle infatigable : plage et bords de mer étaient fermés, formellement interdits, quiconque s'y aventurait encourait une amende de 135 euros pour non-respect du confinement. Alors elle avait dû emprunter un itinéraire dont elle n'avait pas l'habitude, elle s'était un peu égarée, et avait fini par se retrouver devant un immeuble du boulevard François-Grosso où avait habité Romain Gary de 1930 à 1933, ainsi que l'attestait une plaque. Les coïncidences étaient trop nombreuses pour être passées sous silence : une fois rentrée chez elle, la vieille dame prit la plume et m'écrivit tout cela dans la lettre éloquente, à la fois vive et légère, en un mot magnifique, que je tenais dans les mains. Je voulus lui répondre, la remercier, lui dire combien ses mots m'avaient touché, combien il était précieux pour nous autres écrivains de recevoir de telles lettres, petits viatiques salutaires dans lesquels nous puisons la force d'arracher quelques phrases au néant où elles ont leurs habitudes, mais, je l'ai dit, je ne parvenais pas à écrire. Je laissai passer deux jours, puis trois, puis sept ; elle avait inscrit son numéro ; je décidai de l'appeler.

C'était le mercredi 6 mai 2020. Il devait être sept heures du soir, peut-être un peu moins, le soleil déclinant se noyait dans la Loire – l'eau n'est jamais si belle qu'en ces instants fugaces où elle retient sa part de ciel. Écouteurs dans les oreilles, j'allai marcher sur la promenade Julien-Gracq. À Nice, où nul ne pouvant la contempler la mer n'était *plus que de l'eau salée*, un téléphone sonnait ; on décrocha ; c'était Camille. Je m'attendais à entendre une petite voix douce et délavée par les ans, au lieu de quoi c'était l'ardeur juvénile, le soleil et la mer, *la mer allée avec le soleil*. Voix rieuse, voix enjouée, voix moqueuse, voix charmeuse et charmante et qui vous ferre et vous marque et vous envoûte et gare à vous si vous n'êtes pas solidement arrimé au mât du bateau. Camille, dans la calligraphie de qui j'avais cru reconnaître une vieille dame, était âgée de 23 ans. Avait grandi à Nice. Vivait à Paris. Étudiait le droit. Se destinait à la profession d'avocat. N'avait jamais écrit de lettre à un écrivain mais s'était dit pourquoi pas... Nous parlions, nous parlions, nous n'arrêtions plus de parler, je glanais les biographèmes qu'elle semait en chemin, je marchais, j'écoutais, je riais, et dans la nuit qui tombait maintenant sur la Loire je voyais se lever le soleil de journées éternelles.

Pendant plusieurs jours, nous avons continué à nous écrire par messages ; à un moment, j'ignore pourquoi, nous avons commencé à communiquer par photos de livres interposés. Je lui demandais par exemple à quelle heure je pouvais l'appeler, et elle me répondait par la photo d'un roman de Duras (*Dix heures et demie du soir en été*). Elle voulait savoir de quoi nous parlerions, et je lui envoyais celle d'un recueil de Prévert (*La Pluie et le Beau Temps*). Prévert, justement. Elle vouait un culte à Prévert, dont elle connaissait par cœur les poèmes.

Comme le confinement touchait à sa fin, comme nous allions chacun rentrer à Paris, un matin, je lui ai donné rendez-vous pour le jeudi d'après au 116 avenue des Champs-Élysées, là où Prévert avait chuté du premier étage en octobre 1948. Quelques jours plus tard, j'ai fait ma valise, j'ai fermé la porte à double tour, et j'ai glissé dans la boîte aux lettres les clés de la maison. Puis j'ai quitté la Loire que je n'ai plus revue, et j'ai vu Camille que je n'ai plus quittée. Souvent, il m'arrive de songer avec un serrement de cœur à mes promenades vespérales de ce drôle de printemps. Alors il me suffit de fermer les yeux et d'entendre le son de sa voix, oui, je n'ai qu'à entendre la voix de Camille pour me croire un instant au bord de la Loire, sur la promenade Julien-Gracq.

Décembre 2021

SAVOIR D'OÙ ON VIENT

Marc Dugain

J'écris depuis la hauteur d'une colline qui surplombe des constructions hasardeuses, prolifération interrompue par la mer qui s'enfuit vers le nord-ouest. C'est ici que je vis, dans ce pays qui n'est pas celui de mon enfance. Il aurait pu l'être puisque mes origines paternelles se fondent dans ces paysages de la Bretagne du Nord, où se lient la nature dans son immense générosité et de belles maisons de villégiature, austères et rigoureuses, progressivement reléguées par une urbanisation qui alterne des lotissements se cherchant une âme avec des surfaces commerciales y ayant renoncé depuis longtemps. Modernité et laideur forment un couple solide dont les derniers enfants, les éoliennes, achèvent de saccager des perspectives au nom d'un rendement énergétique dérisoire.

Mon père est mort bien trop tôt pour trouver là les raisons d'avoir tourné le dos à la région de son enfance dont il parlait couramment la langue. À sa mort, le remembrement et l'élevage de cochons n'avaient pas encore eu raison des bocages ou des nappes phréatiques et on ne distinguait pas les funestes algues vertes des algues thérapeutiques. C'est donc lui, avec l'amoureuse complicité de ma mère, qui nous a déracinés. Il m'a fallu écrire un livre pour comprendre les fondements du désamour de mon père pour ces Côtes-d'Armor dont je n'ai enfant que des souvenirs fugaces et qui, l'âge venant, s'acharnent à vouloir s'effacer plus vite que les autres.

Éreinté par les histoires de famille, les intolérances sociales, les dépressions des uns et des autres, le couple de mes parents s'est enfui dans l'autre hémisphère. Nouvelle-Calédonie puis Afrique noire comme on disait à l'époque, ils laissent loin derrière eux leurs familles collées à leurs racines et au rétrécissement de leurs perspectives.

Pour moi, cette enfance si prégnante qu'elle vous marque au fer rouge commence bien loin de la terre de mes ancêtres. Mes yeux s'ouvrent sur le Sénégal par une soirée ordinaire pour ce pays qui ne va pas tarder à s'affranchir de la fausse bienveillance des colonisateurs. Je n'y reste pas suffisamment longtemps pour pouvoir en faire le pays de mon enfance, celui qui d'une certaine façon pose les fondements d'une perception du monde, d'une personnalité ancrée dans un terroir, d'une esthétique de la nature et de la présence humaine.

Le retour en France se fait aux antipodes de ce que j'ai connu jusque-là. Je viens de quitter le Sénégal dans un des premiers avions de ligne à réaction alors que mes parents y étaient arrivés sans moi dans un avion à hélice, le Super Constellation. Le contraste est saisissant. Quelle ville de France est par nature plus éloignée du Sénégal ? Il en existe évidemment d'autres, mais Grenoble engoncée dans ses Alpes flamboyantes suffit à créer un traumatisme chez l'enfant qui, quelques jours plus tôt, marchait pieds nus, porté par les effluves épicés de l'île de Gorée sous un soleil menaçant.

À l'époque, Grenoble prend sa part des Trente Glorieuses et les usines chimiques carburent à fond dans les vallées qui conduisent à la cité dauphinoise. Leurs fumées la traversent quand elles ne s'y arrêtent pas pour l'enrober d'un voile âcre et suffocant. Mais la ville a des qualités et la plus grande de celles-ci tient aux routes qui permettent de s'en échapper. Ça tombe bien, les Jeux olympiques d'hiver ont drainé l'argent pour les élargir. Comprenant que leurs enfants manquent d'air, les parents louent une maison en altitude sur le plateau du Vercors. C'est donc peut-être là que je vais puiser « les lieux de mon enfance ».

En tout cas j'en garderai un goût inoubliable pour les paysages de plateau de moyenne montagne comme le Massif devenu prestigieux pendant la Résistance en offre sur des kilomètres et j'y développerai cette relation amoureuse avec la nature qui ne me quittera plus. Mais il me faut déchanter. La maison louée est reprise par sa propriétaire, une aristocrate désargentée au point que quand mes parents sont invités à souper chez elle une fois par an, ils la quittent assez tôt pour pouvoir se rassasier ensuite dans un restaurant. Elle la vend. Faut-il l'acheter ? Mon père atteint de la polio, raison de son équilibre précaire, trouve la pente du terrain trop forte pour s'imaginer investir dans cette maison où il ne s'est jamais senti totalement en confiance.

Exit la maison de campagne dans le Vercors. Infidèles aux lieux, mes parents ne le sont pas à leurs amis, essentiellement des anciens d'outre-mer qui n'ont jamais été colonialistes, bien au contraire. Il se trouve parmi eux un couple du Mali, un médecin militaire, plus médecin que militaire, qui s'est installé au retour d'Afrique dans une région n'évoquant rien pour moi. Nous y sommes conviés. Le voyage est long, depuis Grenoble à travers le Massif central, à l'arrière d'une voiture où je tente le prodige de lire sans être submergé de nausée. Je suis à l'âge où certains décident que les voyages qu'offre la littérature valent mieux que toutes les excursions, même si à l'époque la campagne n'en est qu'au début des agressions qui finissent aujourd'hui par la nier, vaste et éternelle conspiration d'industriels et d'élus obsédés de croissance.

Dans ce coin de province dont je ne vois pas grand-chose, mes parents qui se cherchent sans le dire une contrée d'attache concoctent d'acheter une petite maison près de leurs amis. En passant devant une agence immobilière qui jouxte la gare de Bergerac, ils trouvent à huit kilomètres de là la maison de leurs rêves, une maison minuscule où jadis on égrenait les grappes de raisin. Au regard du handicap de mon père, elle est idéale parce que logée au milieu de cultures à perte de vue dans une vallée large et plate qui s'ouvre en direction de Sarlat, ville qu'on ne connaît pas encore. Voilà donc l'alchimie définitive entre un enfant qui ne l'est presque plus et un terroir dont il découvre ce qu'il recèle de présence humaine positive à travers une architecture incomparable.

La Dordogne qui est aussi le Périgord, ce vaste département où la forêt cède peu à l'homme, ne s'est pas satisfaite des générosités de la nature et s'est laissé embellir par une architecture sublime de pierre blanche ou dorée. Nous voilà donc pour chaque vacances scolaires au beau milieu du Périgord pourpre, celui dont le vin rouge est alors encore la piétaille d'un vignoble dont la noblesse tient au monbazillac, ce blanc liquoreux auquel Sauternes doit son savoir-faire. Progressivement la région s'imprègne en moi jusqu'à ce que j'en prenne par mimétisme l'accent si caractéristique.

Le caméléon, comme me nommera affectueusement mon fils aîné plus tard, commence à se fondre dans ce pays où l'homme s'est toujours senti à son aise, et les silex taillés que je chasse dans les prés retournés en apportent le témoignage. Il est enfin là le pays de mon enfance et me possède par cette spiritualité qui s'exprime dans cet allègement de soi, lequel survient lorsque l'on prend conscience d'une esthétique qui se mêle au souvenir des disparus et aux traces qu'ils ont laissées par des bâtiments qui s'harmonisent parfaitement avec la nature.

Il faut dire que dans ces jeunes années je vis ma passion pour l'histoire, et mon voyage dans le temps me préoccupe plus que mon empreinte dans le présent. Entre les biographies de la bibliothèque de mon père, les œuvres d'Alexandre Dumas et de Zévaco, j'en sais plus sur les intrigues à la cour de Louis XIII que sur celles qui agitent le mandat crépusculaire de Pompidou. Je suis d'une des dernières générations de la chronologie sans faille et de l'appréhension de l'espace sans GPS.

Dans l'effervescence et le tumulte de l'enfance finissante, je découvre un lieu, pas très loin de la maison familiale. Abandonné, il est la victime idéale des turpitudes humaines. Quand je le découvre à la faveur d'une courbe arborée, son propriétaire, un espion industriel, l'a déjà quitté ne laissant derrière lui que des bouteilles vides, des douilles d'un pistolet qui lui a servi à tirer sur les rats et quelques machines anciennes recouvertes de poussière. Il se dit que ce château de Bridoire a appartenu à Aliénor d'Aquitaine et que Bokassa, empereur d'opérette, va en faire l'acquisition à travers des sociétés écrans. Mais pour l'instant, il est à moi. J'ai trouvé le moyen d'y pénétrer malgré les lourdes chaînes qui en condamnent les entrées. Il est gigantesque et il serait effrayant si sa magie propre ne terrassait toute forme de peur ou de superstition. Il est mon premier lien physique avec l'histoire, ma première scène de théâtre, mon premier décor pour le film permanent que j'y tourne.

Du Périgord pourpre, les incursions dans le Périgord noir ne sont pas rares. C'est là que je dessine sans le savoir mes lieux de résidences futures, quand il faudra vendre la maison de mes parents disparus, malencontreusement placée sur le parcours d'un projet de voie de la Vallée, une route terrifiante à quatre voies pour accélérer la mobilité de touristes impatients de rejoindre Sarlat-la-Canéda dans leur camping-car. Le pays de mon enfance se dessine progressivement avec des limites au-delà desquelles je ne vais jamais, comme si une frontière avait été dressée avec la campagne voisine.

L'épicentre de mon territoire devient progressivement Sainte-Alvère d'où je rallie Pezuls, village minuscule auquel l'église impose sa quiétude et où plus tard j'aurai ma maison. Plus loin en descendant, là où la Dordogne dessine un cingle, le village de Trémolat impose une authenticité que seule Paunat sa voisine lui dispute. L'histoire y est faite d'églises, d'abbatiales entourées de bâtisses en pierre. Il y va du respect des monuments comme du respect des morts, quand la modernité peine au nom de l'utilité et du fantasme du moindre coût à créer le beau, il faut avant tout restaurer l'ancien.

La nature ici a ses immensités où cohabitent des chênes truffiers avec des châtaigniers nourriciers et d'imputrescibles acacias. Pour s'imprégner d'une terre, rien de mieux que de la parcourir à cheval dans tous les sens. Parce que l'odeur du cheval fait écran à la nôtre, celle d'un prédateur redouté. C'est ainsi qu'on peut espérer croiser une laie entourée de ses marcassins, un brocard en rut qui joue l'offusqué, un cerf endormi sur un parterre de feuilles. Des chasseurs aussi. Certains authentiques et respectables de la vieille école, d'autres plus risibles et dangereux avec leur accoutrement fluo posé sur une tenue de camouflage qui assassinent le gibier plus qu'ils ne le tuent.

Le pays de mon enfance est cosmopolite. Les Anglais d'abord, à qui l'on doit au Moyen Âge de nombreux châteaux construits pour faire face à l'ennemi français quand on se disputait la Guyenne. Attirés dans un premier temps par les prix dérisoires des maisons comparés à ceux de leur île surpeuplée, on les a vus refluer à la faveur des variations du cours de la livre. D'autres sont venus en France chercher une protection sociale qui leur faisait défaut outre-Manche. Beaucoup sont repartis, nombre d'entre eux sont restés. Puis il y a la grande vague des Flamands, des Belges ou des Hollandais moins aimés des commerçants parce qu'avant de venir ils chargent le coffre de leur break Volvo de toute la nourriture dont ils ont besoin pour leur séjour. Radins ou généreux, les impétrants ont en commun d'aimer cette Dordogne de la truffe et des ceps dans un cadre immaculé et font beaucoup pour maintenir le patrimoine architectural en l'état quand le Français local incline pour les lotissements.

N'ayant jamais eu enfant de goût pour tuer les animaux, je me suis vite consacré à la récolte des ceps en automne et de la truffe en hiver. Les chênes mycorhizés produisent de grands brûlés [1], parfois loin de leur racine où, à travers la lumière cristalline de froides journées de janvier, on peut distinguer une mouche minuscule qui monte et descend inlassablement à l'aplomb d'un mystère prenant toute sa réalité quand on met le nez dessus pour en saisir tous les effluves. Il suffit alors de creuser un peu pour découvrir la pépite. Tout cela à condition que les sangliers n'aient pas brassé le brûlé ou qu'un braconnier ne vous ait pas précédé.

Puisque l'on s'acharne à ne pas vouloir savoir où l'on va, autant savoir précisément d'où l'on vient. Et il y a bien d'autres sites qui en disent long sur le meilleur de l'homme, sur l'autre rive de la Dordogne, en rayonnant autour de Cadouin dont le cloître de l'abbaye m'a gratifié de liens privilégiés avec l'introuvable éternel dont la présence est aussi recherchée dans l'église de la bastide de Molières ou à Saint-Avit-Sénieur ou encore à Urval, villages immaculés,

---

1. Phénomène qui se produit lorsque l'arbre truffier s'apprête à commencer sa production de truffes, le brûlé désigne la zone où la végétation disparaît alentour, peut-être en raison de l'effet désherbant du mycélium de la truffe.

splendeurs immobiles et modestes qui étirent le temps jusqu'à l'interrompre.

Cette terre de mon enfance où je ne suis pas né, mon lien avec elle a été consacré par la décision de mes parents de s'y faire inhumer comme si toutes nos origines diffuses de part et d'autre venaient se rejoindre dans ce coin de France sauvé par son ancienne pauvreté. Celle-ci l'a exclue de l'agriculture intensive et des industries salissantes pour garder ses richesses qui vous sautent au visage au détour des sentiers.

Je me suis déraciné une nouvelle fois pour satisfaire le retour de ma femme dans les lieux de son enfance, bien loin de la Dordogne et de sa campagne hypnotique. Curiosité du hasard, la terre bretonne de mes origines est sa terre d'adoption, là où elle se sent chez elle. Il y a des exils qu'on vit de bonne grâce sachant que mes deux aînés ne jurent que par la Dordogne, ma fille en particulier qui y passe une grande partie de l'année, inconditionnelle du pays de son enfance qui devient à son tour celui de ses filles. Et ainsi de suite, c'est la magie du passage entre générations que de léguer des lieux où l'on se retrouve avec les autres tout autant qu'en soi-même.

Un souvenir, pour finir : ma première visite à Sarlat. On y tourne un film. L'adolescent que je suis, intrigué, tourne autour des techniciens. Ce long-métrage prendra non seulement place dans mon panthéon cinématographique mais me convaincra plus tard de me lancer dans cet art incomparable. Ce petit chef-d'œuvre s'appelle *Les Duellistes,* premier film d'un inconnu : Ridley Scott.

EN VTT SUR LA SENTE SAUVAGE

Serge Joncour

En général, d'un chemin, on dit qu'on l'emprunte. Pour ma part je les vole. Je les vole mais sans léser ni déposséder qui que ce soit, puisqu'aucun bipède ne s'y hasarde jamais sur ces chemins, d'ailleurs personne ne les remarque, sinon ceux-là mêmes qui les ont tracés au fil de leurs passages réguliers : les animaux. Pour m'y intéresser à ces chemins intimes, je n'ai pas attendu qu'on parle de surtourisme et de randonnées, ni de trouver qu'aux beaux jours il y avait soudain du monde sur les parcours forestiers, puisque c'est depuis l'enfance que je me perds dans ces passages introuvables, tellement discrets et tortueux qu'aucun de mes congénères ne s'y trouvera jamais.

À l'époque, ce qui m'avait amené à les découvrir ce n'était pas de les savoir délaissés, ni qu'à ces âges je n'avais pas besoin de me baisser pour progresser sous les branches basses, non, c'était simplement qu'ils me permettaient de m'évanouir dans un monde autre, une Terre où jamais on ne viendrait me chercher, ou aucun randonneur ne s'aventurait, ce qui s'avéra périlleux à deux reprises et causa de belles alertes dans la famille.

Ces chemins intimes bien particuliers ont la forme de sentes très étroites, des rubans à peine plus larges qu'une main, des fines coulées qu'on dirait tracées par une roue. Les herbes y sont piétinées ou rases. La terre quand elle n'est pas à nue affleure sous la végétation couchée ou au fond d'une dépression de feuilles mortes entassées. Que ce soit dans les hautes forêts de la Nièvre ou dans les collines pierreuses du Lot je me lance toujours dans ces layons sauvages avec la certitude de n'endurer aucune autre présence que celle d'un éventuel chevreuil, seul ou à plusieurs, voire d'un blaireau qui restera lointain, d'une fouine ou d'un renard qui parfois y détalent, sans oublier les immanquables sangliers dont en général on ne fait que percevoir les grognements ou le raffut au loin, bien avant de les approcher. Si on les croit nocturnes c'est uniquement parce que les chasseurs sont diurnes, sans quoi les sangliers vivraient le jour, comme dans ces coins où j'aime me perdre et où l'on chasse peu car le relief est rude, et la chasse en juillet pas encore ouverte. Toujours est-il que de jour comme de nuit ces monstres-là se débinent dès qu'ils sentent une présence humaine, et se laissent rarement entrevoir.

Pour trouver ce chemin intime que, d'entre tous, j'aurai le plus emprunté, il faut partir au-dessus du village, d'abord par la route, puis s'engager à gauche dans un chemin agricole banal, après quoi il faut longer la combe tout en luzerne ou en trèfle pour trouver le sentier de grande randonnée par où les pèlerins de Compostelle débouchent aux beaux jours. Par ici, ils marchent immanquablement de nord-est en sud-ouest, ils vont tels des oiseaux migrateurs qui ne feraient que descendre vers le soleil, mais ne remonteraient jamais. Dans ce périmètre de la vallée du Vers, on les croise en règle générale en fin de matinée. C'est qu'ils sont descendus du Cantal puis de Rocamadour, sachant qu'auparavant ils étaient passés par Saint-Michel d'Aiguilhe, Conques ou Saint-Cirq-Lapopie. Tous partent tôt au matin de leur gîte pour éviter le soleil plombant de plein après-midi, avec l'idée en tête de rallier les rives du Lot dans la mi-journée, puis de longer le fleuve sur six kilomètres avant de trouver Cahors et le pont Valentré, afin de se faire tamponner le carnet de pèlerin dans l'ancien octroi. Cette combe bien isolée est un avant-goût du monde sauvage, elle s'étend comme un lac de verdure au pied de la colline, mais une fois au fond il faut entamer l'ascension dans les bois par un sentier bien balisé, un chemin continuellement redessiné par les pas des marcheurs, la forte déclivité fait que leurs chaussures ripent en descendant, tandis que pour moi qui l'emprunte à l'envers ça monte sec.

Ce territoire-là, je ne m'y étais pas aventuré depuis une quinzaine d'années, période où nous avons quitté les lieux et vendu la maison de famille pour se rapprocher de la ville, tournant le dos à cette partie sauvage et largement inhabitée du parc naturel régional, dit Géoparc. Plus jamais nous ne revenons par ici. Pourtant, depuis longtemps, autant par nostalgie que par curiosité, je nourrissais le projet d'un jour enfourcher mon VTT et d'avaler les vingt kilomètres afin de revenir précisément ici, pour retrouver *mes* chemins intimes d'antan. Par contre, du temps où je m'y perdais, je le faisais toujours à pied, jamais à vélo. Notre fermette était derrière la colline, au bord du bois, si bien qu'à l'époque il me suffisait d'emprunter un bout du sentier de grande randonnée, puis de le laisser pour partir sur la droite, monter en direction du causse. Jusque-là, je n'avais jamais pris la sente sur la gauche, car de ce côté la coulée animale était bien là, mais pour la suivre il fallait descendre le long de la colline sur le versant nord, une zone où les buis étaient épais à l'époque, et les autres végétaux étaient bien plus amples qu'aujourd'hui, au point que les ronces et les houx géants vous déchiraient le textile ou la peau, ce qui en faisait une vraie barrière végétale. Même moi à l'époque je n'aurais jamais fait que quelques mètres dans ce maquis piquant, avant de bien vite rebrousser chemin. Alors que maintenant, à cause des épisodes répétés de sécheresse, et surtout de la chaleur de ces dernières années, les buis étaient à nus, décharnés par les invasions de pyrales, des insectes venus d'Asie qui trouvaient là un climat idéal pour proliférer. Quant aux épineux, eux aussi se montraient moins véloces, presque éteints. Si bien que pour la première fois je décidai d'engager mon VTT dans la coulée par la gauche et non à droite.

Intuitivement il m'avait toujours semblé que la sente devait se prolonger jusqu'au bas de la colline, après quoi elle devait remonter les pans de calcaire au-delà, et qui sait traverser le ruisseau de la Verse pour continuer pendant des kilomètres, sans croiser nul chemin ni route, puisque par là il n'y avait rien. En même temps, je me doutais que si elle filait toujours plus au nord, à un moment ou à un autre cette sente devrait bien finir par buter sur bien pire qu'une route ou un chemin, parce qu'elle devrait immanquablement buter sur l'autoroute, cette A20 construite il y a vingt ans, et qui à vue de nez devait se situer à cinq ou six kilomètres de là.

C'est toujours profitable de sortir de ses habitudes, d'autant qu'il faisait frais dans cet univers d'ombre. La sente animale était bien dessinée, les arbustes ne piquaient plus, et surtout il n'y avait pas tant de branches basses que ça à franchir. Tout de même, un frisson d'inquiétude me gagna en notant que mon smartphone n'était chargé qu'à 39 %. Quand on sort des sentiers battus, c'est toujours rassurant de savoir qu'on a l'ultime recours du téléphone, en cas de doute. De toute façon, dans ces parages ça ne captait pas, je n'attrapais pas même un fragment de barre et n'avais donc aucun moyen de vérifier sur Google Earth vers quoi je me lançais. Une fois de plus, ce lamentable petit être travaillé par ses peurs qui tourne au fond de soi me rappelait que, tout de même, se lancer dans une sente animale en s'écartant de tout chemin humain, avec si peu de batterie et pas d'eau, ce n'était pas raisonnable. Mais trop tentant.

S'enfoncer dans un bois c'est sortir du monde horizontal et humain pour pénétrer le territoire d'autres espèces. Dès qu'on s'engage dans ce genre de territoire vierge, les geais lancent leur alarme pour avertir d'une présence humaine, en général leur alerte est tout de suite relayée par les autres oiseaux, et tous la répercutent de loin en loin. La bizarrerie tout de même, c'est que là les geais ne réagissaient pas, ma présence ne déclencha pas la moindre alarme, pas plus que chez les pies ou que chez tous ces vigiles aux avant-postes des bois profonds.

Les premiers mètres étaient bordés de chandelles, ces hauts arbres qui restent debout une fois morts. Bien qu'ils soient d'une apparence sinistre, et encore bien plus terrifiant l'été qu'en hiver, ces troncs éteints débordent toujours de tout un tas de vies. Là-dedans les chauves-souris se mélangent aux mésanges ou aux sittelles, du simple fait que ces troncs soient plus faciles à menuiser, les bêtes peuvent aisément se nicher dans leurs cavités. Souvent les chouettes les habitent en même temps que des reptiles ou que des écureuils. Mais à l'évidence, tous ces êtres demeuraient invisibles et m'accueillaient sans bruit.

Cinq cents mètres plus loin, la sente continuait de s'enfoncer plus avant dans le bois, mais en descendant de plus en plus fortement. D'habitude, les sentiers animaliers épousent les courbes de relief pour limiter la pente, là ce n'était pas le cas, la sente plongeait droit dans la pente et surtout elle paraissait de plus en plus large. La végétation y était vigoureusement aplanie. La langue de terre, quand elle apparaissait, se trouvait à nu, ample et presque fraîche. Tout de même, je m'arrêtai pour l'observer de plus près, voir si je ne trouverais pas une quelconque trace de pneus ou de zone râpée, sinon de chocs, mais non, ce tracé ne procédait pas du passage répété de roues de motocross ou de cycles, d'autant que la coulée filait souvent sous des branches basses, et jamais la moindre moto, et encore moins un quad, ne se risquerait à passer par là. Ce layon était donc bien le fait du seul passage des bêtes, un tas d'animaux, et s'ils l'utilisaient en nombre c'est qu'à l'évidence il devait desservir on ne sait quel site magique ou attraction.

En arrivant au fond du repli, les arbres étaient si denses que je dus descendre de vélo pour franchir les branches basses. En posant mes pas dans cette sente, à titre d'hominidé je ne faisais que suivre le tracé d'une bande de terre qui épousait le relief, alors que les bêtes, les chevreuils aussi bien que les renards, les sangliers et tous les autres, suivaient là une véritable piste magnétique, y décryptant toutes sortes d'informations. Pour eux c'était comme une bande codée délivrant mille messages et signaux. En la reniflant ils y trouvaient des données olfactives déterminantes, des traces venues des sécrétions des glandes que les bêtes ont entre les sabots des pattes avant. Ces informations permettent aux animaux qui les laissent de communiquer avec les congénères du voisinage, de leur dire, entre autres, s'ils sont mâles ou femelles, mais en plus de ça, ces traces les aident à se déplacer de nuit, créant de fait une piste olfactive, un chemin qui en pleine obscurité devient aussi facile à suivre pour eux que s'il était balisé par des bougies.

Une fois en bas de la pente, une belle combe isolée, d'au moins un hectare, n'était qu'une friche abondante, personne jamais ne venait par ici sans quoi il y aurait des fermiers pour l'exploiter et y faire du foin. La sente passait sous les trois pins dressés au beau milieu de cette prairie sauvage, puis elle remontait entre les chênes verts, sans doute vers le plateau là-haut. Là par contre, la piste n'affrontait pas franchement le relief et semblait conçue pour faire le moins d'effort possible, et toujours bien à l'abri. Je décidai de la suivre plus avant, poussant le vélo à deux mains dans la montée, des empreintes fraîches indiquaient des passages récents, mais le plus étonnant c'est que la coulée devenait encore plus large qu'au début, signe que tous les animaux sauvages des parages l'empruntaient pour remonter vers le nord et gagner on ne sait quel asile caché. C'était d'autant plus étonnant qu'en toute logique, en continuant dans cette direction là, je devais à un moment ou à un autre tomber sur l'autoroute.

Sous les arbres la colline se montrait coriace, y progresser n'était pas simple. Par contre une fois en haut, un large plateau découvrait un horizon à trois cent soixante degrés, avec en face la vallée de la Rauze à trois cents mètres de là. Effectivement l'autoroute était là, du moins j'avais face à moi le gigantesque viaduc qui enjambe cette vallée très marquée, un ouvrage de plus de cent mètres de haut perdu en pleine nature. Et pourtant, c'était bien dans cette direction que semblait poursuivre la sente, à croire qu'elle allait se perdre en dessous du pont, entre ses arches.

En zigzaguant à vélo entre les genévriers et les arbustes le plateau fut facile à franchir. À l'autre bout, la sente descendait le versant nord pour viser le fond de la vallée, s'orientant un peu sur la droite, comme si vraiment elle cherchait à atteindre le pied du viaduc. Là encore la pente était raide et il faisait chaud. D'avance je songeai à tous ces efforts qu'il faudrait faire pour revenir sur mes pas, mais j'étais trop curieux de comprendre pourquoi tous ces animaux étaient aimantés par la gigantesque cathédrale de béton blanc. Je dévalai le flanc de vallée au fil de boucles qui couraient entre les arbustes et les rochers, de ce viaduc je m'en rapprochais. Tout d'abord, je l'avais vu à trois cents mètres là-bas devant, pile à ma hauteur dans un premier temps, puis en descendant vers la vallée, petit à petit je m'en rapprochais et surtout je passais en dessous, au point que ce viaduc maintenant se trouvait au-dessus de moi, c'est qu'à nouveau je pénétrais dans un épais massif boisé, une forêt faite d'érables de Montpellier et de chênes aux frondaisons bien amples, au point qu'à un moment le viaduc disparu complètement là-haut, caché par les feuilles. Je m'enfonçais dans ce monde des profondeurs mieux que dans un océan, maintenant le pont était tout là-haut, je devinais son ombre comme celle d'un paquebot naviguant en surface, sans plus le voir je ne le discernais que par fragments entre les hautes branches, et surtout je l'entendais à cause de ce bruit étrange que ça faisait, ces à-coups chaque fois qu'un véhicule roulait sur les joints de dilatation en quittant la terre ferme pour s'engager sur le tablier de goudron. Ensuite, les roues des véhicules faisaient un frottement lointain, alors que les cliquetis restaient forts. Au sol, la sente était plus marquée que jamais, signe qu'elle était quotidiennement redessinée par les bêtes, j'imaginai les chevreuils et les sangliers qui en nombre devaient plonger vers cette ombre, ces lièvres qui pour perturber l'odorat des renards sortaient sans cesse de la coulée pour bondir sur les côtés, histoire de bien brouiller les pistes, j'imaginai aussi les chats sauvages et peut-être même les loups, ou les lynx pourquoi pas, pendant que là-haut les écureuils, les buses et les pics suivaient toute cette animation, car eux aussi devaient être attirés par ce territoire où toute la faune se précipitait, cette base totalement coupée du monde ou coulait un fin ruisseau à la musique fraîche.

La sente atterrissait très précisément sous le viaduc, mais plutôt que de la descendre jusqu'au bout je m'arrêtai dans les derniers mètres, afin d'envisager le site en gardant un peu de hauteur. Un puissant courant d'air naissait dans le couloir entre les deux collines et les piles du pont. J'étais vent de face, si d'éventuels animaux étaient présents ils ne pouvaient pas déceler mon odeur, mais à coup sûr ils étaient là, tous, dans cette oasis en dessous du viaduc, ce monde en soi, ce monde hors du monde. Au centre, la rivière était fine en cette saison, un filet d'eau qui suffisait tout de même à alimenter une colonie de bambous au travers desquels, de l'autre côté de la rive, j'entrevoyais la bauge d'une laie, elle s'y était plongée de tout son long avec ses marcassins, ils s'y roulaient mollement, comme par jeu. Entre les bosquets un peu plus en retrait, trois chevreuils dormaient quant à eux profondément, comme bercés par ce cliquetis venu d'en haut, un cliquetis céleste qui rythmait l'espace. En descendant encore quelques mètres sans faire le moindre bruit, je repérai sous mes pas des trous bien à distance, de ceux qui marquent les entrées des terriers de blaireaux. Leurs appartements ici semblaient bien amples, la colonie devait être nombreuse. Là-bas, un autre trou d'un bon diamètre marquait lui l'entrée d'une tanière de renards, sans doute que des femelles y avaient mis bas, elles se savaient ici en sécurité, nul ne viendrait les chasser, d'autant qu'il n'y avait pas la moindre route pour mener là, seul un chemin de terre avait été tracé du temps sans doute de la construction du viaduc, mais depuis il ne servait plus, il était à l'abandon. Mon chemin intime m'avait donc mené dans le plus intime des mondes, celui des animaux sauvages qui se savent hors d'atteinte de tout humain, justement parce que les humains ici ne font que passer, et à longueur de journée, mais bien à distance, à toute allure et en nombre, certes, mais à cent mètres au-dessus, entre le ciel et la terre, autant dire dans une autre dimension.

QUELQUES MOTS D'AMOUR

Nicolas Mathieu

— Oh là là, on voudrait tout acheter...

Une femme aux cheveux auburn, la quarantaine aiguë, doudoune noire et chaussures fourrées, se désole à haute voix, un sourire aux lèvres. Avec sa copine, elles furètent entre les longues tables chargées de livres. À chaque fois, la tentation d'une couverture, la promesse d'un titre les retient : *It's Raining Love, Arrogant Bad Boy, Tout ça pour toi, P.S., oublie-moi.*

Ce dernier week-end de novembre, elles sont des dizaines comme elles, venues à Dunkerque exprès, pour profiter du premier Salon de la littérature de romance. Elles ont fait le déplacement pour rencontrer leurs autrices préférées (et quelques rares auteurs), faire le plein de bouquins et de dédicaces, passer du bon temps surtout. L'événement a lieu au Kursaal, un palais des congrès comme on en trouve partout dans le pays, avec cette originalité peut-être : dans le fond, une large baie vitrée qui laisse entrer un ciel trois fois comme la mer. L'immense éclat gris des plages de la mer du Nord.

Cette phrase, « on voudrait tout acheter », je l'entendrai dix fois au cours de ce week-end. Aveu d'appétit, et de restriction. Car le désir se heurte évidemment à la réalité, celle du porte-monnaie en premier lieu. Le désir se heurte toujours à la réalité de toute façon, c'est pour ça qu'on a inventé la fiction. Et les romans d'amour.

Avant de venir là, je n'avais jamais lu de romances. Comme tout le monde, j'avais entendu parler de *50 Shades of Grey* et vu *Bridget Jones* à la télé. Mais ma curiosité pour l'eau de rose s'arrêtait là. Et puis, l'hiver dernier, alors que j'étais de passage dans le coin pour présenter mon dernier livre, on m'avait parlé de ce salon « genre Harlequin » qui devait se tenir en 2019. Aussitôt, ça avait fait tilt.

En partie parce que Dunkerque n'est pas n'importe quelle ville. Deux fois détruite, par les bombardements en 40, par la crise plus tard, elle semble se porter aujourd'hui moins mal qu'hier. Elle est bien à plat, ouverte par son port, tassée dans ses briques rouges, un air désuet sur ses façades, des restes de débine accrochés ici et là, vitrines mortes, rades fermés. Mais une grande roue pour Noël aussi, des transports publics gratuits, une médiathèque flambant neuve, des estaminets qui jettent dehors leurs chauds reflets jaunes, sans compter le musée d'art contemporain et, sur la digue, un casino. Il se trouve dans notre pays des tas de villes pourries, moitié crevées ou qui sonnent faux. Dunkerque n'est pas de celles-là. Elle a la densité sobre des cités du Nord, cette chair rose, gouailleuse, cette culture des intérieurs qui fait tout le charme des comptoirs hanséatiques ou des ports bataves. Le goût des plaisirs qui engraissent aussi, et son carnaval, plébéien et ravageur. Alors un Salon du livre de romance à Dunkerque, c'était absolument tentant, parce qu'à la jonction de cette littérature méprisée et de cette ville prolétaire, il devait forcément se tramer quelque chose d'important, quelque chose de grave. Une vérité qui remue le ventre sous le préjugé de la guimauve.

Pour commencer, il faudrait les décrire, ces femmes que j'ai croisées à Dunkerque et qui lisent de la romance. Ne pas se cacher derrière le paravent de la diversité. Globalement, elles n'appartiennent pas à des milieux très favorisés. En général, elles n'ont pas fait des études très longues. Ce sont des silhouettes, des démarches, des accents qui viennent des villes moyennes, des campagnes ; gardes d'enfant, infirmières, femmes au foyer, quelques filles habillées de sombre et qui adorent la fantasy, des mères de famille qui s'offrent ainsi leur part de rêve, certaines qui sont très jeunes, d'autres beaucoup moins. On trouvera bien sûr parmi elles d'autres lectrices qui contredisent ce portrait, mais à trop faire dans le détail, on risquerait de perdre la réalité d'ensemble.

Le samedi matin, je tombe sur Fleur, par exemple, une ado qui attend dans le coin buvette, les yeux rivés sur son portable, quatre gros sacs remplis de bouquins à ses pieds. Je lui demande où elle vit, ce qu'elle fait là. Elle est venue de Mons, en Belgique, avec sa mère. Leur objectif : faire signer tous les livres qu'elles ont apportés. Outre ceux qui attendent à ses pieds, il y a encore trois valises pleines dans le coffre de leur voiture. Tout le week-end, Fleur et sa mère feront des allers-retours. « Ça me dérange pas, assure Fleur, j'aime bien voir ma mère contente. » Justement, Nathalie, la mère en question, nous rejoint. Elle a la cinquantaine joviale et bosse dans un grand magasin, rayon boucherie-charcuterie. Chez elle, plus de 3 600 livres. « Ma chambre en est remplie. C'est pas de ma faute si les autrices sortent des bons livres ! » Elle rit, elle s'amuse. L'humeur est d'ailleurs au beau fixe au Kursaal. Les visiteuses profitent sans fausse pudeur. On rigole beaucoup en faisant la queue. On ne boude pas son plaisir. Surtout, on se fout bien des jugements, du surplomb de ceux qui lisent de la « vraie littérature ». On les connaît, leurs idées aussi, et on sait à quoi s'en tenir. « Moi, j'ai pas honte, me confirme Nathalie. Je suis insomniaque, je lis un livre chaque nuit. Même au boulot, et tant pis si les gens sont choqués en croyant que c'est des trucs de cul. Je lis de tout : romance, SM, *bit-lit, chick-lit, feel good,* fantasy, etc. »

Car cette littérature – qu'on dira féminine pour aller vite – est un continent subdivisé en de nombreuses principautés, genres divers aux frontières floues et perméables. Deux règles semblent tout de même s'imposer : une bonne romance a besoin d'une histoire d'amour et d'un happy end. Mais les entorses sont légion, toutes les hybridations possibles, et certaines contrées parfois surprenantes. Ainsi du « M + M », un genre principalement écrit par et pour des femmes, et qui raconte des histoires d'amour entre hommes. « Les hommes sont tellement machos, m'explique Nathalie, au moins ça donne autre chose à voir. » Karen, prof d'histoire et blogueuse qui lit du M + M à haute dose, va plus loin : « J'aime bien le fait qu'il n'y ait pas de protagoniste féminin. Ça a un côté voyeur, on n'est pas dans l'identification. Et puis les personnages de mecs sont plus riches que le bête mâle alpha à cravate qu'on retrouve souvent dans la production industrielle post *50 Shades*. »

La romance est un énorme business, avec ses locomotives U.S. mais aussi des autrices françaises qui tirent leur épingle du jeu, telles Sophie Jomain, Emma Green, Alexia Gaïa et Morgane Moncomble. « Au Salon du livre de Paris, on nous met dans un petit coin, on veut pas nous voir, raconte l'une d'elles. Pourtant, on attire du monde. Une fois, la queue devant notre stand était si longue qu'elle masquait celui d'Édouard Philippe, qui n'avait pas un chat. Son service de sécurité est même venu nous voir. »

Derrière HarperCollins et sa fameuse collection « Harlequin », un tas d'autres maisons vivent de cette demande intensive : Pygmalion, Hugo & Cie, Diva Romance, Déliées, French

Pulp, Charleston, Addictives, etc. Sans compter l'édition à compte d'auteur, qui ne fonctionne pas trop mal d'après ce qui se raconte. « Ce genre de livre se dévore et une partie du lectorat est totalement boulimique », estime Sophie Lemonnier, éditrice chez Addictives. Céline et Aurélie sont justement de ces accros : cinq ou six livres par semaine, rythme de croisière. Belles-sœurs, elles vivent toutes les deux à Calais. Céline est femme au foyer. Aurélie réceptionniste dans l'hôtellerie. À peine rentrée du travail, cette dernière n'a qu'une idée en tête, se plonger dans le roman en cours. « Quand je n'avais pas d'emploi, je lisais toute la journée. Le matin, j'amenais les petits à l'école et j'enchaînais. La liseuse à la main pendant que je faisais le déjeuner. Et toute la nuit. » C'est un profil que je croiserai à plusieurs reprises. « Si j'ai pas ma dose, ça va pas. » « Je lis vingt ou trente livres par mois. » « Combien ça me coûte, je préfère ne pas le savoir. » La confidence se faisant toujours dans un éclat de rire, avec une pointe de fierté même.

Pour répondre à ce besoin, des formules d'un autre temps ont d'ailleurs été remises au goût du jour. Les deux autrices qui écrivent sous le pseudo d'Emma Green ont ainsi connu les grandeurs et les servitudes du roman-feuilleton. « Pendant trois ou quatre ans, on écrivait 100 pages toutes les deux semaines. L'épisode s'achetait 2,99 euros. L'attente était super forte. Bien sûr, on ne commençait pas avant d'avoir 200 pages d'avance. En général, le premier épisode d'un roman était mis en ligne gratuitement. On a été jusqu'à 100 000 téléchargements. »

Pourquoi cette rage de lire, cet appétit qui n'en finit pas ? Pourquoi lire de la romance ? Toutes les femmes que j'ai rencontrées ont répondu à cette question avec les mêmes mots. L'évasion. Le rêve. Le plaisir. Le critique André Bazin disait du cinéma qu'il « substitue à nos regards un monde qui s'accorde à nos désirs ». Voilà sans doute ce qui se joue ici aussi, dans ces frénésies, ces manières de consommer du texte en flux tendu, dans ces collections qui remplissent des appartements entiers, un même besoin d'échappées belles, la nécessité de faire obstacle au réel le plus possible.

Et c'est sans doute l'une des raisons qui explique le mépris dont est frappé cette pratique sédative, opium du peuple loin des lucidités présumées de la littérature générale. Un mépris dont je me suis rendu coupable 1 000 fois moi-même, puisqu'à chaque fois qu'on me reproche la noirceur de mes romans, je réplique en attaquant les littératures du dépaysement et du remontage de moral au motif qu'elles collaborent à l'ordre des choses en rendant supportable ce qui devrait être changé. Mais, à rencontrer Nathalie, Christelle, Karen ou Aurélie, je n'étais plus si sûr de mon fait. Une fois que l'on se poste « à la surface des vulnérabilités, ou au contact des voix muselées [1] », les certitudes se nuancent. À présent, je me demandais plutôt ce que ces antalgiques avaient de nécessaires, quelles étaient les noirceurs surmontées par ces ripolinages incessants, quelles étaient les chaînes rendues tolérables par ces évasions de chaque jour. Plus généralement, je me posais maintenant la question du sort de ces femmes.

Un peu plus tard, à l'heure du déjeuner, j'aperçois quatre jeunes femmes qui pique-niquent sur une table du coin buvette. J'ose les interrompre. Chanel, Cindy, Harmonie et Sarah ont

1. « Il n'y a rien de contre-intuitif à ce qu'on réponde à un monde global si difficile à appréhender par des enquêtes descendant dans l'ordinaire, à la surface des vulnérabilités, ou au contact des voix muselées. Ce retour méthodique au grain des situations... » (Florent Coste, « Littérature, enquête et empirisme à l'ère néo-libérale », *En attendant Nadeau*, 6 août 2019).

entre 22 et 24 ans. Elles sont lilloises et avaient prévu le déplacement de longue date. Chanel, pull rose, créoles aux oreilles, s'avoue « indécrottablement fleur bleue ». Ses copines ne se reconnaissent pas dans cette appellation. « Au-delà du couple, c'est l'histoire qui m'intéresse, explique Sarah, toute de noir vêtue et passionnée de littérature fantastique. Comment les personnages se construisent. De quelle manière ils vont évoluer. J'ai besoin que ça me parle du monde. »

De fait, ces bulles consolatrices sont ambiguës. Elles ne sont pas seulement des refuges, mais aussi des postes d'observation et des terrains d'entente. Ainsi, les passionnées se retrouvent sur des forums en ligne, débattent, critiquent, écrivent des *fan fictions*. Aurélie, une blogueuse réputée dans ce milieu, a commencé en lisant *Twilight*. Elle a fini par traduire des articles, sous-titrer des interviews, est partie à l'étranger pour des conventions (la fameuse RARE : Romance Author & Reader Events de Londres), s'est fait des amies. Karen a choisi de devenir prof d'histoire par goût des romances historiques. La plupart des autrices étaient avant cela des lectrices acharnées.

Les frontières entre la fiction et la vie sont, comme toujours, indémerdables. Les plaisirs qu'on prend dans son coin finissent par déborder au-dehors et le monde par s'inviter dans votre chambre. De même, les limites qui séparent d'ordinaire les lecteurs, les auteurs et éditeurs sont ici moins nettes qu'ailleurs. Tout cela forme à la fin une communauté très active, enthousiaste, où se tissent des liens, des alliances, des solidarités, du politique en somme, et, pour le dire d'un mot détestable : de l'*empowerment*. Car, à en croire ces lectrices, il semble bien que ces niches protégées, où les femmes entre elles cultivent des plaisirs qui leur appartiennent, peuvent être le lieu de parcours d'émancipation, d'apprentissage, de renforcement de l'estime de soi. À l'écart des rigidités de la culture légitime et des intimidations masculines, des femmes s'inventent et se renforcent.

Virginia Woolf a fixé pour toujours la « chambre à soi » comme l'espace politique minimal à partir duquel une écrivaine pouvait se déployer. Lire de la romance, c'est aussi s'aménager un temps et un espace à soi, un territoire qui a des airs de « doudou », mais qui peut aussi fonctionner comme une capsule de transformation pour des femmes qui, plus que d'autres, subissent toutes les dominations possibles, sociales, économiques, culturelles et masculines.

Comme les choses sont bien faites, ces communautés sont aussi des niches marketing, des marchés que les maisons d'édition et les autrices cultivent aux petits oignons. « On a vu se multiplier les personnages de femmes *badass*, de femmes fortes qui ne s'en laissent pas compter, constate Karen, la blogueuse. C'est dans l'air du temps, mais je suis convaincue qu'on peut être une femme au foyer et féministe. Certains romans proposent d'autres modèles. J'espère que la romance contribue à former des esprits forts. Et puis, on ne peut pas reprocher à des communautés opprimées d'aimer lire des histoires qui donnent le sentiment que l'avenir peut être meilleur. »

Il y a dans tout reportage ce fantasme du renversement des a priori. On voudrait que le réel nous détrompe, que les faits nous donnent tort. Je ne suis pas sûr que la romance soit cet instrument de libération qu'on m'a parfois vanté à Dunkerque, et que j'espérais confusément. Elle n'est pas non plus le divertissement d'ilote qu'on dit. La romance remplit une fonction consolatrice, comme d'autres lectures le font ailleurs, pour des publics mieux lotis et qui parviennent à faire passer leurs diversions pour des œuvres d'art. La romance, elle, n'a pas ces prétentions. Elle se contente de rendre certaines vies plus vivables, d'ouvrir une fenêtre dans des quotidiens qui manquent d'air, sans se donner des airs supérieurs, faisant page à page sa besogne de *tour operator* de l'imaginaire, pour des voyages immédiats, bon marché, qui n'exigent aucun bagage. C'est sa limite, et sa grâce peut-être.

Dans le train qui me ramenait de Dunkerque après ce curieux week-end au pays des bluettes, j'ai repensé à une nouvelle que j'avais écrite à 20 ans et qui s'intitulait *Le Trésor de grand-mère*. L'histoire d'une femme à poigne, veuve, qui avait élevé seule ses quatre enfants. Dans la première partie du récit, j'insistais sur sa force de caractère, son intransigeance, son sens du sacrifice. Et puis après sa mort, au moment de vider la maison où elle avait vécu, ses enfants découvraient une énorme armoire fermée à double tour. Une fois forcée, elle révélait le trésor de cette femme de devoir, intraitable et secrète : des centaines de romans « "Harlequin", aux titres évocateurs : *L'Héritage des Carlton, Passion sous les tropiques, Un été en Virginie*. [...] Et une étagère entière dévolue à la seule collection « Blanche », sous-titrée “Passion et ambitions dans l’univers médical”. Avec des titres comme *Un chirurgien inaccessible, Un séducteur aux urgences* ou *À cœur ouvert*. Barbara Cartland occupait deux rayonnages à elle seule... »

Curieusement, je n’avais pas fait le lien entre ce texte et mon intérêt pour ce premier Salon de la littérature de romance de Dunkerque. Le nœud se trouvait pourtant là. J’ai aussitôt adressé un message à mon cousin et à ma mère. Ils m’ont confirmé que ma grand-mère lisait des *romans à l’eau de rose*, elle aussi. C’est ainsi qu’on les appelait dans ma famille. Des histoires de princes et de bergères, de chirurgiens et d’infirmières.

Ma grand-mère est née, a vécu et est morte à Épinal. Elle a connu treize grossesses et élevé dix enfants. Parfois, elle devait les prendre sous le bras, très tard le soir, parce que son mari revenait en colère du bistro. Elle s’était confiée à ma mère. De sa vie, elle n’avait jamais eu d’orgasme. Chaque fois qu’elle faisait l’amour, elle connaissait cette peur du fond des âges, avoir un autre marmot, repartir pour un tour. Ses enfants ont grandi et chacun d’entre eux a fait sa vie. Restée seule, ma grand-mère s’est enfoncée joliment dans la vieillesse, souvent triste, souvent gaie, restée coquette, permanentée, de la poudre de riz sur le nez. Je n'aimais pas beaucoup aller la voir. Souvent, elle pleurait. Elle était sentimentale et les petits garçons n'aiment pas ça. Les hommes en général, d'ailleurs. Et le soir, sous sa couverture chauffante, elle lisait des romans de la collection « Harlequin ». Elle rêvait. Cette part de rêve était à la mesure de sa vie, toute simple.

Je suis devenu écrivain. J'ai regardé tout ça de plus en plus de loin, et de haut surtout. Je me rends compte aujourd'hui de ce que fut la vie de ma grand-mère. Je comprends mieux son besoin de happy end, son désir d'histoires qui décrivent le monde tel qu'il devrait être. Je comprends surtout ce qu'endurer veut dire.

PAYSAGES ET PARFUMS D'ENFANCE

Mazarine Pingeot

Les lieux de l'enfance sont aussi des noms. Et les noms sont des mois. Hossegor, c'est juillet. Août, c'est Saulzet. Pour moi qui ai comme nom de famille celui des grands-parents qui m'accueillent, ces lieux sont mes racines, ma loi, mon corps. Des maisons où les souvenirs de générations s'accumulent, où des aînés se sont mariés, d'autres sont morts, où ma mère, ses frères et sœurs ont grandi, où mes parents se sont rencontrés. Des maisons qui existent dans les conversations et les mémoires. Maintenant dans certains de mes livres. Où j'ai vécu l'enfance, car de Paris elle s'était absentée. Des lieux qui continuent de vivre, mais sans moi, même s'ils tissent ma mémoire comme un fond de carte, tricoté à la chair.

Si les paysages et les parfums construisent, alors je suis faite d'Auvergne et des Landes, d'aiguilles de pin et de fougère, de terres grasses et de matins frais, de naphtaline et de bois, de sable chaud et de vase, d'odeur de vaches et de lait caillé. Il est des lumières qui éclaboussent, elles viennent de l'été, elles nous ont foudroyés une fois pour toutes. D'autres moins évidentes éclairent à la façon des lampes torches les chemins qu'on sillonne, y compris ceux qui s'éloignent de la source. Et l'on passe sa vie à s'éloigner des sources parce qu'on suit le courant. Pourtant elles irriguent et nourrissent l'éternelle nostalgie des retours impossibles. On croit voguer très loin : en vrai, on s'accroche aux branchages, les sources, c'est ce mirage qu'on essaie d'attraper. N'est-ce pas pour cela qu'on écrit ? Ce voyage si terrestre dans les sédimentations du temps et qui nous fait croire qu'on arrive à revivre ce qui est bien perdu ?

Hossegor. La voiture traverse le village puis le pont. On dépasse l'hôtel Mercedes et on longe le lac caché par les maisons. Elles sont basques. Blanches et basses, striées de charpentes, parfois décorées de briquettes en épis. Leur esthétique décidera de mes goûts.

Je compte les virages. Bientôt le portail en bois qu'ils ont dû ouvrir, les cousins nous attendent. On se gare, les portières claquent, mon chien sort avant moi. Je voudrais tout embrasser d'un coup, le club des Pingouins et le gâteau basque, la marée haute et la marée basse, le premier bain, le corps encore blanc et frileux, traversé par la lame de plaisir d'une eau vive, les cloques sous les pieds non aguerris, les coups de soleil, quand la crème solaire n'est pas encore une recommandation forte des dermatologues, et que son refus ouvre la voie à une transgression facile, le melon et les frites autour desquelles la bataille fait rage, on s'en fout, on a dix ans, on peut manger du gras. Mes arrière-grands-parents ont pris racine ici, pour soigner les poumons d'une sœur de mon grand-père. L'air est sain, les médecins l'ont prescrit. La toile s'étend, les Pingeot s'établissent. Il y en a partout dans la région, certains croiront bientôt qu'ils en viennent. Ils se marient avec des filles du cru. Nous sommes des Landais.

J'attends de chaque sensation qu'elle me rappelle l'année dernière et me confirme que ça y est, j'y suis, dans un présent fait de tant d'autres, qui assoit pour un mois son éternité. Mais je veux aussi goûter chaque détail, décomposer le temps et le faire durer, extraire de son flux ce moment où l'on se met à table, sur le banc trop chaud parce qu'on est en maillot, l'instant où je m'allonge sur les dalles brûlantes, y jetant des glaçons pour les regarder fondre et ouvrant un *Tintin*, le départ pour la mer, la promenade du soir sur les dunes pour assister au coucher du soleil, en sautant des blockhaus ou en courant au plus près des vagues sans se faire mouiller. Je voudrais jouer et rejouer la même partition, en jouissant de chaque note. L'enfance est enfermée dans le livret, dès que l'instrument se met à jouer, elle s'anime.

Elle se transforme aussi. Stendhal remplace *Tintin*, et les rêvasseries s'enveniment. Les cousins partent, ils sont grands. On continue à plonger dans les rouleaux de l'Océan : la peur se tient serrée contre le corps et abreuve les cauchemars qui survivent à l'enfance. Souvent, une vague m'emporte et je m'éveille.

On commence à sortir. Première boîte de nuit et bar du Central. L'imaginaire émigre. À Hossegor, les garçons font du surf et boivent des cocktails dans des cafés qui imitent les dancings américains des années 1950. C'est excitant et ça ne changera jamais. Ils sont figés dans l'adolescence, les muscles et les cheveux brûlés par le soleil. Ils mangent des chips et jouent de la guitare assis en tailleur sur la plage la nuit. Et c'est ça que je viens chercher. L'assurance qu'il existe un cadre fixe, immuable, une réalité dont les autres attestent et qui accueille mes fantasmes. Des fantasmes pauvres, des fantasmes partagés. Leur puissance est à la mesure de leur banalité.

Je m'évapore souvent. Du moins ce que je vois existe-t-il, à plus forte raison quand je le revois chaque année. Je n'aime pas quand les choses bougent, qu'un restaurant change de décor, qu'on construise une nouvelle promenade en béton. Je n'aime pas grandir. Un jour je ne viendrai plus. Un jour, ça ne sera plus chez moi. Un jour les gens meurent et les joies d'une maison s'empilent dans un album. On préfère ne plus trop y penser. Parce que ça fait mal.

Saulzet. Massif central. La deux-chevaux de ma grand-mère nous ramène en Auvergne, où le soir tombe plus tôt, l'air est plus vif, et le grenier rempli de robes 1900. La route est longue, et je vomis beaucoup. Quand on arrive, il faut ouvrir les valises pour y chercher au fond les pulls qui n'ont pas servi. C'est l'odeur qui me saisit, indéfinissable, de la cuisine à la salle à manger – de la pomme mêlée à de la pierre, est-ce une odeur possible ?

Je crois que j'aime encore plus cette maison que l'autre. Là aussi le temps s'est arrêté, pour enrober l'enfance de l'illusion qu'elle durera. Embaumée comme les costumes. Dans la chambre verte aux murs fleuris dont je connais chaque feuille et chaque défaut, nous retrouvons, ma cousine et moi, nos places. Lit du fond, lit près de la porte. Ils sont placés côte à côte, et nous pouvons nous parler tard sans que les adultes entendent.

Il y a bien un jardin public, mais ni surfeur ni bar du Central. Seulement des puys, des lacs glacés, et des promenades dans les prés. Des cabanes dans les arbres, et des siestes allongées dans l'herbe haute. Les bains à Aydat ou Servières, les marches sur la Vache et Lassolas.

Mes cousins. Et le retour du même. Ce qui ne change pas et mesure les cycles – plus longs que ceux d'Hossegor car l'implantation en Auvergne est ancestrale. Quand je suis petite, la ferme fonctionne encore. Nous allons chercher le lait chaud et observer Cécile traire les vaches. Les silos à grain et le foin frais répandent leur parfum, on s'y love, on manque de s'y noyer.

Plus tard, les fermiers partent à la retraite. Ma grand-mère vend peu à peu les terrains autour de la maison pour l'entretenir. Les champs rétrécissent, le verger du haut est remplacé par un lotissement. On le contourne pour arpenter Giroux. De son sommet, on voit Clermont-Ferrand ; là, mon arrière-grand-père avait composé un poème que les petits enfants savent encore réciter.

C'est un paysage rude qui promet la pérennité. Il dit : je serai toujours là. Il dit : je suis ta terre. Je ramasse de la pouzzolane et l'effrite entre mes mains noircies. Ma terre. Sous laquelle reposent mes grands-parents. Et peut-être le feu de volcans qui un jour s'éveilleront. Haroun Tazieff l'avait dit. C'est bientôt la fin des vacances, et avec les années, de l'enfance. Elle reste là, dans les coffres à jouets qu'on range à l'issue de l'été. Les coffres attendent dans le grenier qu'on les ouvre. La maison appartient désormais à ma tante, et mes enfants continuent de dormir dans la chambre verte. Mais pas moi. Ils fabriquent leurs propres souvenirs, les miens hantent peut-être les vieux murs et l'escalier en colimaçon. Il m'arrive de leur rendre visite, mais mon enfance s'y débat, comme enfermée là, et m'appelle à elle : elle a la voix de la sirène et d'Eurydice réunies, je sais qu'il s'agit d'un piège, je le sais parce que je suis tentée. Le bonheur était tellement pur. Il ne reviendra pas.

La ligne des puys s'éloigne de l'autoroute A71 et disparaît.

Avant de rentrer à Paris, il faut passer les derniers jours à Gordes pour que mon père puisse se reposer et nous voir.

C'est le lieu des secrets et des volets fermés à peine le soleil couché, pour qu'on ne nous aperçoive pas, pour qu'aucun sniper ne nous tire dessus. La maison des parents, leur abri. Ils l'ont construite. Ils m'ont fait naître là. Nous nous y cachons. Mon père lit et range sa bibliothèque, ils se promènent, ma mère fait des confitures, parfois nous rendons visite à une amie au village chez qui on peut se baigner. J'essaie de me faire à l'idée qu'il faudra attendre une année pour revoir mes cousins. Rentrer à Paris me fait horreur, Gordes est un sas protégé et silencieux. Isolé de son environnement. Hors du temps.

Mais c'est chez moi. Contrairement à Hossegor, à Saulzet, j'y reviens aujourd'hui, j'y ai fait des travaux. J'ai ouvert la maison, tout en pierres et en fenêtres pour y accueillir des amis. C'est la maison d'enfance de mes enfants.

Et c'est devenu juillet, puis août. L'été recommencé.

Si l'on me demande d'où je viens, j'hésite à répondre Avignon ou l'Auvergne.

Cette enfant-là, j'ai dû l'abandonner dans ces lieux qui se sont refermés sur elle, il le fallait pour vivre. J'y étais trop attachée, elle était une illusion, elle était une parenthèse, elle était deux mois d'été par an.

La géographie évolue.

On en rencontre d'autres. Ainsi que des personnes auxquelles on s'attache. L'homme que j'aime n'habite nulle part, il a voyagé, et moi, je ne peux lui offrir que ces terres occupées par le souvenir des autres. Plusieurs chemins nous conduisent au centre de la France. Des hasards qui n'en sont pas. La rue principale porte le nom de mon père. Et tout le monde, ici, me parle de lui, comme si je revenais à la maison, moi qui ne connais rien de la Nièvre, n'y ai jamais mis le pied. Des amis nous font découvrir La Charité-sur-Loire, nous nous y installons. Pas rue François-Mitterrand quand même, mais sur le chemin de Saint-Jacques-de-Compostelle.

Les usines sont désaffectées et l'hôpital psychiatrique mitoyen de notre maison est sans doute le plus gros employeur de la région. Les chasseurs sillonnent les chemins l'hiver, on roule en Duster sur des routes interminables qui traversent la plaine. Les trains arrivent en retard, quand ils arrivent. Ils partent pour Nevers de la gare de Bercy, la même qui dessert Clermont, et s'arrêtent partout – Gien, Briare, Cosne, Tracy, La Charité, égrenant un chapelet de noms qui écrivent désormais ma poésie dominicale.

Le vote RN est majoritaire. Dans la cité médiévale les maisons tombent en ruine.

Mais il y a la Loire, le prieuré bénédictin, Pouilly, et Sancerre. La culture de la vigne vallonne les paysages, les eaux sauvages changent le cours du fleuve sans égard pour les sentiers que les animaux et les promeneurs dessinent dans l'étrange flore qui dévore les terres en jachère, à peine la Loire descend-elle, asséchée par les fortes chaleurs et la crise climatique. Sable, argile, ormes, arbres où se perchent les vautours comme les boules d'un sapin, mais à l'allure macabre, canards envolés, suivant des lignes géométriques. Les ciels mouillés viennent s'abîmer dans la Loire où ma chienne nage derrière un héron qui a déjà rejoint l'île. Il paraît qu'elle est dangereuse, la Loire. Que des tourbillons emportent les enfants. Des histoires circulent. Mais tout le monde s'y baigne, en fonction des plages qui se font et se défont, changeant de forme au gré des ans. Sculptées par les courants et les crues, elles apparaissent soudain, immenses étendues sans fin, puis se recouvrent d'herbes et d'arbustes, avant d'être englouties à nouveau par l'eau qui reprend possession de son lit. La nature est souveraine. J'accepte peu à peu qu'elle nous survive et nous ensevelisse. Si seulement elle pouvait garder des traces de nous. Des empreintes, fossiles et stigmates, les ecchymoses d'une enfance qui ne passe pas, et s'est faite terre, ciel, mer, un feu qui couve encore et cherche des incarnations.

LA TERRE DU MILIEU

Catherine Poulain

On arrive en train. Passé Bordeaux, c'est d'abord la forêt qui annonce le pays. Les arbres y sont immenses, des géants semble-t-il à tes yeux de môme. La brume s'élève de la terre, s'accroche aux fougères, ces relents d'humus que tu crois sentir, puis les bois s'écartent découvrant le ciel : il déferle sur un océan de vignes, en moutons houleux, rouleaux de lumière. Dedans le vent – Pauillac – tu reconnais l'odeur. Vase, bruyère et vent. L'odeur de chez-nous.

Le train nous laisse à Artiguillon. Nous marchons sur la route, maman et ses cinq filles, la dernière dans la poussette encore. Au virage, le panneau bleu du hameau, la haie d'églantiers sous le vieil arbre de Judée, jusqu'au tilleul, énorme, qui vrombit. Dans son ombre la haute bâtisse, et le rosier grimpant sur sa façade nue.

Elles sont rouges les roses, comme nos cœurs d'enfants. On pousse le portillon blanc. Qui résiste et grince. Enfin on va ouvrir volets et fenêtres, libérer les murs de leur long sommeil. L'odeur de poussière et de moisi nous enchante alors. C'est « la clef des champs ».

Au commencement il y a l'été, le bonheur du jour qui grandit s'enflamme et s'appesantit, jusqu'à la chute lente du soleil – et alors cette bête inquiète qui se réveille dans ta poitrine. Tu ne veux pas y penser, tu dévores à pleine bouche des fruits verts et aqueux qui te brûlent le ventre, tu cours plus vite, tu trébuches, tu bascules et roules dans l'herbe sèche. Tu sanglotes. Tu te relèves, tu te bats avec tes sœurs, tu ris trop fort, la bête s'ensauvage au fur et à mesure que décroît le jour. Une longue agonie. Tu pleures. Le soleil tombe. Reviendra-t-il.

La pièce s'embrase, reflets fauves. Grand-père hoche la tête. Ses yeux sont noyés d'eau. On dirait des diamants bleus. Tu espères que ce ne sont pas des larmes. Il est muet depuis longtemps grand-père, il a peur pour nous, des vipères cachées sous les pierres du puits, des courants d'air et des vitres qui pourraient blesser. Nous dînons, une soupe, l'œuf à la coque, du riz au lait – ce lait que l'on va chercher à six heures chez le vieux monsieur Jacquet. Il a un drôle de goût le lait. Il sent le pays. Grand-mère s'amenuise, petite souris inclinée sur le côté à cause de sa bosse, la chaise blanche penche avec elle, comme si l'une devait bientôt se confondre à l'autre... Le repas bouclé, on file à la vigne maman et ses pouliches folles qui caracolent entre les règes. Tu cours encore, à perdre haleine en tentant de ne pas voir le ciel qui se teint de mauve. Le plat pays s'étend depuis la barre sombre des forêts, en vignobles sages et en coteaux d'or, jusqu'à l'horizon très nu quand on se tourne vers la rivière. Qu'on ne voit pas mais elle est là. On sait qu'elle est là.

Couchée sous le couvre-lit assorti aux rideaux, ces grandes fleurs bleues sur des liserés pourpres, ta sœur à tes côtés. Elle dit des bêtises qui font chaud au cœur puis quelqu'un éteint la lumière, tu n'aimes pas cet instant. Tu la prends dans tes bras et te raccroches à son rire. Bouffées de nuit qui s'engouffrent par les fenêtres ouvertes, murmures, soupirs, des frémissements... Dans le champ voisin, la plainte de l'agneau qui pleure dans son sommeil. On a tué sa mère. Le chant ténu des crapauds que couvre un instant un hululement tragique :

c'est la dame blanche – celle qui va nous apporter la mort. Des chiens aboient comme dans un songe, bête attachée qui rêve de briser sa chaîne... Les sons s'en vont au loin, décroissent, semblent mourir, puis nous reviennent tels un écho et rejaillissent de plus belle. Tu sais le jardin au-dehors, ses lauriers-sauce immobiles, sombre rempart à la route pâle, l'ombre du tilleul multi-centenaire, le parfum passé de ses fleurs qui bientôt ont séché. Les acacias bruissent dans la douce exhalaison des vignes, haleine subtile, que l'on ne sait pas dire encore. Mais elle est là, avec le reste. D'où vient la nuit et qui peuple ses abysses. Un frelon se cogne aux murs. Il est perdu. Ta sœur dort. Présences et vides s'entremêlent. Le souffle te manque. Ne pas fermer les yeux, surtout ne pas sombrer. Résister. Où va la nuit. Au commencement il y a la nuit.

Tu as toujours craint la tombée du jour, la fuite insidieuse vers cet abandon, l'heure où il faut cesser d'être. Ton sommeil est empli de dieux redoutables, de créatures fabuleuses, d'animaux qui parlent ta langue, boîte de Pandore que l'on te force à revisiter chaque nuit. Rien ni personne ne peut plus te sauver, te voilà seule dans un monde qui se fait, te défait, se contorsionne et te déchire à sa guise. Il arrivera que l'on te retrouve prostrée dans un angle de la chambre obscure, hurlante et ne reconnaissant personne. Ce sera le début de ton premier voyage, le plus âpre et le plus fou, plus dangereux que tous ceux qui suivront. Le plus terrible – la petite est malade dira-t-on, et il faudra des mois et des nuits à longer des gouffres, y être précipitée parfois, battue à mort et tourmentée par des démons, avant de guérir – ou presque. Tu sauras dès cet instant que la graine d'un mal incurable a pris racine en toi, un dieu maléfique ayant pénétré ton corps d'enfant, abandonnant dans ton ventre un ferment étrange.

Une langue douce caresse tes paupières. Tu ouvres les yeux. Le soleil – Tiens... On a dormi ? Tu bondis hors du lit, petit corps osseux, alerte à se débarrasser des oripeaux du sommeil. Tu enfiles une robe de coton très douce et molle, qui a servi aux aînées, mue de couleuvre d'eau pour glisser et plonger plus vite dans l'or du matin. Tu descends les escaliers, ils craquent, tu ne veux réveiller personne. Grand-mère est debout. Elle prépare ton Banania dans un bol rouge à pois blancs. Tu le serres à pleines mains, un chaton tigré vient se blottir dans ton cou et tête ta peau au goût de lait encore. Tes pieds nus sur les tommettes rouges. La pompe du puits grince. Grand-mère ramène un broc d'eau, en boitant, prépare la cuvette d'émail, le gant, la serviette… « Il faut te laver ma minette. » Tu soupires, regardes les brins d'herbe constellés de rosée. Le dehors t'appelle.

Un jour tu casseras le bol, le chat disparaîtra sous les roues d'un tracteur. Viendra un temps où il n'y aura plus que toi dans la maison désertée. Mais ce n'est pas encore.

Du plus loin que tu te rappelles les territoires de l'enfance, c'est l'été, depuis les brumes de l'aube à la lumière qui croît dans ce long embrasement des terres, odeur du figuier, le puits moussu, l'or des prunes éclatées sur la margelle au-dessus desquelles miroitent une nuée de mouches – les plus belles sont vert et bleu –, ces lézards que tu guettes… l'avancée lente du jour, son apogée, et le chagrin de son déclin, détresse qui te broie le cœur quand l'ombre des lauriers s'étend sur le jardin. Le temps des vendanges et des vignes en feu, des vols d'étourneaux s'abattant sur les champs roussis, tu le découvriras plus tard dans le parfum des coings et la beauté triste de longs soirs mordorés ; tu apprendras l'automne avec ses tempêtes, chênes arrachés, toits emportés... Tu auras un peu peur alors. Mais pas trop : il faut bien réveiller la contrée assoupie, faire danser les vignobles, ranimer ses humains parfois. Des hivers suivront, aussi purs que ceux du Grand Nord quand le vent nous arrivera de l'ouest pour déchirer un ciel trop bas, couvercle de chagrin, dénudant les vignes jusqu'aux confins des terres. Tu attendras le printemps comme la délivrance, saison du départ et de l'arrachement. Mais tout commencera toujours par l'été et le vent.

Il y a eu des sauterelles un jour... raconte maman, et nous tous, enfants, femmes, vieillards, hommes... dressés sur la route, plantés devant nos portes, chais, hangars, ateliers... le village entier hurlant, frappant, cognant, marteaux contre tôle, casseroles contre chaudrons, couvercles de fonte et poêles à frire, l'instituteur et sa trompette, le forgeron et sa ferraille, un tintamarre assourdissant pour repousser le nuage, ce scintillement d'élytres... L'été en feu sur nos campagnes, sauver la vigne, elle ondulait, les champs de blé, fauves, brûlés de lumière, bocages qui grésillaient, l'odeur des forêts... térébenthine, essences précieuses...

La route blanche, poudrée, semble trembler, au loin ses lignes se fondent dans un halo trouble, poussière d'or… Tu la regardes. Où va-t-elle.

Il y a l'océan et il y a la rivière. Nous vivons entre deux. C'est ici le Médoc, presque une île, la terre du milieu. De l'océan on ne sait guère, si ce n'est parfois un grand souffle aux relents d'algues et de sel balayant les terres, cette ferveur contenue, et comme un étrange mugissement voyageant au travers des arbres, la plainte d'un ressac que l'on croit entendre au plus profond des nuits, quand rêve et réel se confondent. Il est là l'océan, toujours. Sa présence nous environne et rassure, même lorsque le vent décroît et meurt. Quant à la rivière, c'est tout autre chose : fille nomade et ensauvagée elle arrive en dansant du plus profond des terres. Certains l'appellent l'estuaire, mais c'est leur affaire : pour nous, la rivière. Les marées des lunes la font enfler, tellement parfois qu'elle déborde sur les champs. Entre les bocages, on a des marais. Un jour, des années plus tard, tu te lèveras bien avant l'aube. Il n'y aura plus de chenal à Saint-Christoly. Les carrelets sembleront suspendus sur le sombre envers du ciel et les bateaux sans erre iraient bien courir les prés si tu osais les détacher. Et tu regarderas longuement cette route qui soudain s'arrête sur l'eau noire.

On est gamines encore. On a couru, pêché des truites, et maintenant le soir. Nous sommes seules avec grand-mère dans la cuisine qui s'ombre de roux. Les truites ne veulent pas mourir. Assises autour de la table nous fixons leurs corps, miroitants, qui sursautent. La soupe au lait a refroidi, une mouche s'est posée sur la peau crémeuse du dessus. Grand-mère se redresse, prend une longue inspiration, et dit d'une voix étranglée, tragique : « Restez ici les enfants ! surtout ne regardez pas... » Flo s'essaye à rire, Françou compte les lignes bleues de la toile cirée, les deux dernières se tiennent très droites et graves, des petits soldats aux fronts recueillis. Je regarde la porte bancale des cabinets du jardin, le vert de sa peinture qui s'écaille sur un rouge ancien, comme des traînées sanglantes. Grand-mère est partie en boitant vers le puits, dans un torchon les poissons qu'elle pose sur la margelle. La lumière du couchant emplit la pièce. Nous attendons en silence. Et grand-mère revient, dans son tablier taché de sang les truites éviscérées dont elle a tranché la tête. Sa lèvre inférieure tremble, elle essuie ses yeux d'un revers de main. Nous ne disons rien. Est-ce cela le crime ?

Il fait sombre et froid dans l'église, les vitraux sont beaux et le soleil joue derrière mais l'harmonium est si triste que l'on voudrait presque mourir, puis le clocher sonne à la volée, des hommes en noir attrapent les poignées de bronze d'un tout petit cercueil, et bientôt l'été nous prend à la gorge, en goulées chaudes, puis à bras-le-corps. On suit la route et la foule silencieuse, qui pleure alors on pleure avec, jusqu'au cimetière, entre les champs blonds. Les pommes acides du bord de route nous regardent passer. On voudrait bien sangloter encore mais on n'y arrive plus : l'aventure nous appelle par-dessus les vignes… on a des fourmis dans les jambes. Envie de mordre dans les fruits rouges, bondir et se brûler aux orties des fossés. Vivre encore un peu oui, avant le déclin du jour.

La voisine est très vieille, très fragile devant ses rosiers anciens. Son fils a des lapins, et un âne. Les gens racontent qu'il est épileptique, le mot t'intrigue et te fascine comme un pouvoir de demi-dieu. Elle, elle nous donne des biscuits et dit que la forêt avance, qu'il fait plus sombre chaque jour. Elle dit aussi qu'elle a peur. Tu repars pensive et triste, tenant par la main les deux petites pour traverser une route qui est déserte.

Des hommes et des femmes peuplent le pays, des enfants que l'on aperçoit parfois. Ils déboulent la grand-côte sur leurs vélos bringuebalants, bande d'apaches en fuite sur leurs coursiers de fortune. Nous sommes bien de la même race, genoux et coudes écorchés, barbouillés de Mercurochrome, mollets lacérés aux ronces, le front brûlé de soleil, à filer les bois et grimper aux arbres pour dévorer des fruits verts qui nous font très mal au ventre... À l'autre extrémité du hameau, tes cousins et « la Grande Maison ». Tu les crains un peu. Ils sont trop nombreux.

Les gens du coin sont des îliens. Des taiseux. Et l'on peut passer de longues semaines sans en aborder aucun. Enfance sauvage. Solitude des campagnes. Viendra le temps où il faudra se suffire à soi-même. Tu le pressens.

À tant manger les prunelles du bord des chemins, pêcher les truites et cavaler à perdre haleine, on grandit. L'été demeure. Un jour on pique une bouteille au chai. Avec P'tite Jo, on va la boire dans le champ d'à-côté. Personne ne nous voit. On vacille et on rit. C'est âpre et rond. On apprend la bonté du vin. Je décroche un épi de maïs que nous mangeons, petits grains pâles encore laiteux. Jo vomit. Je retiens les boucles fauves de ma jeune sœur pendant qu'elle hoquette, la lumière ricoche sur ses beaux yeux noyés de larmes. Nous rentrons honteuses. Maman est très fâchée. Nous rougissons, les yeux baissés sur notre assiette. Les autres gloussent et ricanent. Une lueur dorée emplit la pièce, derniers éclats d'un soleil vaincu. Il effleure nos joues rondes et lisses, les empourpre et les illumine, balayant les vignobles avant de rejoindre l'océan.

La fin de l'été. A-t-on grandi encore ? Tu fuis la maison. Tu marches dans la nuit longtemps, un vieux sac de l'armée battant tes reins. L'orage strie le ciel. Tu te loves dans une rège de vigne. Au loin le clocher de Saint-Estèphe se dessine sur le ciel obscurci, zébré d'éclairs.

Tu travailles à présent. Dans les champs et vergers, sous le gros soleil de Provence. La saison finit et tu rentres au pays en stop. À Bordeaux tu regardes longuement la Garonne, le pont de pierre et ses arches sous lesquelles tu aimerais dormir. Mais un homme surgit de la berge, le pas hésitant et sa ceinture dégrafée. Dommage pour la rivière, tu te rabats dans un square et t'allonges derrière une haie poussiéreuse qui sent la pisse. Tu as un peu peur. Tu repars au matin, la ville s'éveille. Il faut marcher longtemps pour la traverser et atteindre enfin les maisons basses et leurs façades blondes – la barrière du Médoc où une voiture te prend enfin jusqu'au prochain village. La route est longue : les gens du pays n'aiment pas les vagabondes, et très vite il fait chaud. Peu avant le hameau, un chevreuil s'enfuit dans les bois, tu le suis et pénètres sous la futaie. Il a disparu. Rien ne bouge. Tu te couches et t'endors dans un nid de fougères. Un rai de soleil te réveille. Tu clignes des yeux, au travers la haute cime d'un pin maritime, la lumière. Te revient alors un poème comme une caresse infiniment légère. Tu murmures « J'ai embrassé l'aube d'été, rien ne bougeait... Au réveil il était midi. »

La maison se dresse après le virage, inchangée. Assis seuls dans l'ombre du figuier, ton père, ta mère, ils semblent t'attendre. C'est l'été encore une fois, le bel été... Mais qu'est-ce que la vie si ce n'est repartir, le monde t'appelle et il faut quitter le nid, la rade de toujours, entre vignes et forêts, silencieuse sous la lumière d'août, fidèle dans la grande nuit des terres. Tu lèves le pouce et ne sais plus vers quel point cardinal le tendre. Tu deviens folle de tous ces chemins, malade de tous ces possibles. Tu tournes, tu vires, papillon fou, ivre de l'éclat des phares qui t'aveuglent de partout. Un jour tu n'en peux plus, harassée tu pleures sur le bas-côté d'une autoroute. Tu la traverses. Tu rentres. À Royan, tu ramasses des pignons pour maman, les « pinpins » de son enfance. Tu rejoins l'embarcadère du ferry, face à toi la nuit et derrière, après la rencontre des eaux, la pointe du Médoc, ses landes nues sur lesquelles courent de petits chevaux à demi sauvages. Et tu t'endors sur le ciment, les poches remplies de pignons, butin improbable de ta chimérique errance.

Il y a des enterrements encore. On s'habitue à marcher derrière la voiture noire, à taire les picotements des jambes quand le vent galope sur les vignes échevelées. Novembre. La pluie nous coule dans le cou. Je pleure quand il faut ranger dans l'affreux trou noir les beaux yeux bleus de tante Suzanne, couleur du ciel de printemps, sur lesquels se referme la terre… Larguez les amarres je pense, la lumière est livide et crue. Bientôt l'âge adulte.

Un jour maman meurt et c'est toi l'agneau, celui des nuits de l'enfance qui pleurait dans le noir des champs. Solitude des bêtes, la campagne est nue et la dame blanche hurle dans les bois. Tu serres un couteau sous ton oreiller.

Le soir est tombé. La route était longue, toi sac au dos qui avançais de camions en voitures avec cette urne que tu aurais rêvé ouvrir pour en avaler le contenu, Viens dans moi maman, reste avec moi toujours… Tu répands les cendres sous un très jeune amandier. Tu verses la moitié de la bouteille sur la terre, bois un coup maman, tu finis le vin, tête renversée. Après tu dégueules. Tu dors à côté de l'arbre. Ses branches – des rameaux – frémissent dans l'air de la nuit. Cri ténu d'une chouette. Des chiens au loin. Un rossignol prend la relève. Les coqs de l'aube te réveillent, mais dormais-tu, tu te redresses et mélanges les cendres à la terre humide de rosée, à pleines mains. Tu te lèves tout à fait, tu mets une robe très rouge et libères tes cheveux comme une crinière de pouliche folle, parce qu'il faudra toujours tuer le chagrin désormais à coups de bières, de robes éclatantes et de cheveux lâchés en crinière, pour le long chemin à venir, que l'on devine. « Kill the pain » est devenu le nouveau refrain.

Décembre. Tu embarques sur un fileyeur à Arcachon. Au jardin les lauriers-sauce ont gelé. Le patron ne veut pas de femme à bord et tu as souvent peur qu'il se débarrasse de toi dans les eaux noires du golfe de Gascogne. Cinq jours que nous sommes partis. Temps agité, le bateau de pêche gîte lourdement. Les filets s'envolent à la poupe, projetés dans un sillage de tumulte et de nuit… Debout sur le pont tu as froid. Tu vois la côte au loin et ses lumières, Soulac peut-être ou Montalivet. Des rouleaux assaillent la plage, éclatent dans une explosion d'écume. C'est mon pays tu penses. Il te semble si loin, dans une autre sphère de temps, un autre cercle de ciel, une autre vie. Tu le vois mais ne peux pas l'atteindre. Tu penses à la maison obscure contre le tilleul, ses volets clos, l'âtre éteint. Au cœur de ses murs, dans une toute petite chambre ouverte sur la nuit, il y a ton lit. Tu penses à son édredon rouge que t'a donné la métayère il y a longtemps. Et c'est comme un cœur qui battrait pour toi, qui t'attend, que tu retrouveras peut-être. Si tu reviens. Si le patron t'autorise à rentrer. S'il ne te fait pas mourir avant.

Tu t'en vas très loin. Après la terre du milieu, le grand large. Tu te perds et te noies souvent, dans le doute, la passion, le fracas. Tragédie et beauté sont les deux balanciers de ce monde. Et tu oscilles sans cesse, de l'un à l'autre. Un jour tu rentres. La maison est barricadée derrière ses volets clos. Plus personne n'y vient. Elle est glacée. Elle le restera depuis. Tu reprends le travail à la vigne... Tu manques te battre au couteau avec un lover venu d'Alaska. Tu perds ton enfant, petit sang-mêlé qui jamais ne connaîtra l'été. Tu t'enfuis de la clinique. Tu vas dans la forêt. Tu ramasses des fraises des bois au bord des chemins, puis des fleurs sauvages avec leurs racines que tu replanteras interminablement dans le jardin. Avec les fraises, tu feras un verre de confiture, rouge grenat, pour ton père. Tu regardes le soir tomber en respirant l'odeur des acacias en fleurs... Tu pars, tu reviens, tu repars, tellement que tu ne sais plus. Peut-être cherches-tu ta terre, ta tanière dont le cœur serait un édredon rouge, dans une pièce silencieuse et secrète, sur un lit de campagne aux ressorts usés, au sommier défoncé dans lequel on sombre comme au chaud d'un ventre. Retour à la terre-mère, au pays natal.

Il y a des enterrements, et de plus en plus souvent. Mais n'est-ce pas depuis toujours ? L'église puis la marche funèbre. On connaît maintenant la route, le rythme de nos pas et celui du chagrin, en toutes saisons. On dirait que nous ne cessons plus de creuser des fosses sur un lopin de terre que nous remplissons de boîtes. Les dimensions du cimetière n'ont pourtant pas changé et l'on en vient à se demander : « Comment font-ils pour trouver la place ? » Et les cloches sonnent, et l'on rouvre la terre qui se referme sur de nouveaux cercueils, tonneau des Danaïdes il semble… Où vont les morts, dans quel envers du ciel. La nuit tu y penses. La fenêtre est ouverte sur l'arbre de Judée, tu regardes ses branches, alors tu es dans ses bras. Et tout d'un coup tu comprends : les souffles et les murmures, ces présences impalpables qui emplissaient tes nuits d'enfance, c'étaient eux, bien sûr c'étaient eux. Déjà ils peuplaient les bois, voyageaient avec le vent et pleuraient avec l'agneau, ils hurlaient avec la dame blanche. Ils étaient là les morts. Ils le seront de plus en plus.

Tu es repartie. Parcouru encore le monde et la mer, les montagnes et fleuves et routes hasardeuses. Tu t'es battue, tu as aimé souffert et craint. Et tu reviens plus nue à la maison des débuts, au pays de tous les commencements. Faut-il se dépouiller toujours davantage pour retourner à ses racines et boucler la boucle ? La vie n'est-elle pas qu'une longue histoire de pertes ? « Life is just a question of loss », t'a dit un marin une nuit.

Le pays demeure, ses étés brûlants, rien ne bouge sur la route blanche si ce n'est ce frémissement de l'air, les frelons bourdonnant sur les prunes éclatées, la maison de toujours, les vignes en feu. L'automne est proche. Tu as un carrelet sur l'estuaire. Pour y voir les étoiles et entendre les marées grimper, au plus profond de tes nuits. Des bateaux rejoignent l'océan, le bruit de leurs moteurs est une berceuse. Tu te réveilles le cœur lavé. À l'heure d'entre chien et loup, l'ombre des bois flottés te fait croire à des géants. Tu sursautes comme prise en faute. Le cœur fou tu rentres. Le soir tu écris, pour caresser des perles, polir interminablement des galets ronds, ramassés sur les plages du monde. Les absents viennent te rendre visite parfois dans tes rêves. Ils te parlent. Tu es heureuse. C'est pour eux que tu es là. Gardienne du passé.

Assise à la table dans la toute petite cuisine, tu bois du rhum en attendant des bateaux qui ne reviendront plus. « Kill the pain. » Tu crois te voir, tu es ta mère, ta grand-mère, lorsqu'elles ont attendu chacune, seules devant ce même mur blanc. Dans un coin de la pièce la vieille petite chaise de bois, déformée, à laquelle tu n'oses plus toucher tant elle a pris le penchant de leurs corps. Tu n'es rien que leur suite, et tout se reproduit toujours. Attente et solitude. Il te faudrait manger. Tu as froid. Des engelures aux pieds. On te dit qu'il faut pisser dessus pour les faire passer. Demain la vigne. La maison n'est plus qu'un tombeau qui lentement te digère. Dehors le vent, la pluie. Où va le vent, ce vent des départs qui ne veut pas mourir, complainte lancinante qui te broie le cœur ? Emmenez-moi d'ici. Du paradis perdu, depuis longtemps perdu avec les aimés aujourd'hui morts, dans la grande nuit du plat pays. Et l'hiver passe dépouillant les vignes. C'est l'âge adulte enfin, quand plus rien ne demeure qu'un pays déserté.

La petite chambre de toujours. L'édredon rouge comme ton cœur. La fenêtre grande ouverte. C'est décembre. En face de toi l'arbre de Judée. Et tu t'endors dans ses bras givrés. Bateau sans erre, tu ne dors jamais que d'un souffle, à peine laisser le temps au corps de s'oublier quelques instants. Tu navigues, l'aube est proche, ciel qui pâlit, tu ouvres les yeux. Et alors cela se produit, cet infime craque, quelque chose semble céder en toi, une éclosion, un fruit mûr qui se détache, enfin, une bulle qui aurait longtemps erré au plus profond de la vase, poussé son chemin dans l'obscurité jusqu'à rejoindre le jour. La certitude que rien n'a été perdu, ni le cri de l'agneau, le vent dans les arbres, ni tous les aimés aujourd'hui disparus : ils ne t'ont jamais quittée, tout demeure depuis l'enfance dans le pays de toujours, la terre du milieu. Toi vivante. Au loin tu sais la rivière, l'océan, le flot des vignes qui un jour t'emporteront à ton tour. Tous ces grands départs qui t'attendent encore. Et tu te lèves. Le dehors t'appelle.

LE BONHEUR DES LIVRES

Lydie Salvayre

J'aurais aimé parler d'un chemin familier, d'un chemin qui entre tous serait cher à mon cœur, ou d'une région parcourue en tous sens et dont j'aurais décidé qu'elle serait ma terre, celle que j'habiterais jusqu'à mon dernier souffle, celle dont je saurais dire l'inlassable beauté.

J'aurais aimé évoquer poétiquement une rivière, ou un paysage précis, ou une forêt, ou un désert, ou un pic enneigé, ou un sentier inconnu de tous.

J'aurais aimé être Sylvain Tesson.

J'aurais aimé tracer une carte du tendre qui serait à la fois intime et géographique.

Mais je suis bien obligée de l'avouer, je me fous des paysages, et des jardins, et des forêts, et des prairies et des champs cultivés et des grands espaces et des mers toujours recommencées et des banquises au bout du monde. Je ne sais pas les aimer, je ne sais pas en voir la grâce, la douceur, la splendeur, la violence. Et je me le reproche. Je le ressens comme un défaut, comme une faille de mon être.

Je n'éprouve devant la nature aucune émotion, aucune inspiration, rien ; ce qui ne m'empêche pas, je tiens à le préciser, de la défendre contre toutes les menaces qui la guettent.

Je me demande souvent d'où me vient cette incapacité à m'attacher aux pierres, aux plantes, aux arbres, aux fleuves, aux ruisseaux, aux rochers. Je me demande d'où vient cette incapacité à me créer des racines dans un sol particulier, alors que je suis si attachée à certains êtres.

Est-ce tout simplement parce que je n'ai pas encore trouvé mon lieu idéal ? Ou bien suis-je affligée d'une indifférence incurable devant le bonheur pastoral ?

Les seuls chemins que j'ai du plaisir à emprunter sont ceux qui s'ouvrent dans les livres, ce que j'ai quelque mal à avouer parce que je crains que cela ne s'apparente à une posture.

Je n'ai de goût que pour les chemins qui s'ouvrent dans les livres ou les chemins qui mènent aux autres, qu'ici je n'évoquerai pas.

Je n'ai de goût que pour les chemins qui s'ouvrent dans les livres. J'y trouve tous les reliefs : escarpés, paisibles, pierreux, tendres, liquides, maritimes, montagnards, modestes, parfois inaccessibles, murés, abrupts. J'y trouve toutes les couleurs et toutes les nuances. J'y trouve toutes les saisons. J'y trouve toutes les musiques. Et toutes les atmosphères.

Je prends souvent les chemins sombres et tortueux des romans de Faulkner. J'adore m'y perdre. Et je suis bouleversée par tous ceux que j'y croise, les idiots, les déchus, les jeunes femmes candides, les tourmentés, les naufragés, les violents.

J'ai repris cet été le chemin du Quichotte. J'avais étudié le livre à 20 ans parce qu'il faisait partie d'un programme universitaire (j'étais alors inscrite en licence de lettres à la faculté de Toulouse), et n'y avais porté qu'une attention distraite. Je le relis passionnément aujourd'hui. Et il se révèle, pour mon bonheur, sous un jour entièrement neuf et extraordinairement stimulant, son mouvement en moi ne cessant de s'amplifier, de rebondir, d'éveiller mille résonances et de soulever des pensées, des imaginations et des questionnements infinis.

Je me réjouis chaque jour de voir en Don Quichotte un frère, un frère rêveur en un monde brutal, un frère insurgé en un monde avachi, un frère indocile, rageur, intempestif, tumultueux, incandescent et qui dit non (un non désespéré parfois), qui dit non à l'insupportable injustice, comme à l'indifférence blasée ou au consentement mou à ce qui pourrait un jour nous mener cap au pire.

Il y a peu, je me suis rendue sur les terres de Rabelais, et j'en suis revenue si joyeuse et si nostalgique en même temps que je lui ai écrit la lettre que voici :

« En vous lisant, mon Très Illustre, je suis saisie d'un immense regret, le rire dans les livres a perdu de son éclat, le rire a perdu de sa superbe, il ne rugit plus dans les gorges, il ne secoue plus les poitrines et ne plie plus les corps en deux, il ne mord plus, ne moque plus, n'attaque plus avec la vigueur qu'il avait du temps qui était le vôtre. Le rire est devenu modeste, le rire est devenu prudent. Le rire, mon Révéré, a peur de faire peuple. Il met d'un air gêné sa main devant sa bouche, il demande pardon, il s'excuse d'entrer avec ses gros souliers dans les salons charmants où l'on sait dézinguer, mais sans bruit, et rire, mais sans joie.

En vous lisant, mon Estimé, je ne sais me défendre d'une certaine nostalgie, la nostalgie d'une époque où l'exagération, où la caricature, où l'excès, où l'énorme n'étaient pas regardés comme choses vulgaires et d'un simplisme étroit, mais comme une occasion de dire insolemment son dédain de la mesure, de faire aller la langue qui est notre infini du raffinement le plus grand à la plus grande ordure, d'allumer la gaieté par une profusion d'horribles truculences après s'être adonné aux plaisirs délicats de la philosophie, d'écrire sans compter de tonitruantes farces sur de très pudiques malfaisants.

Qui oserait aujourd'hui rire de ces hargneux dont le vice est de lire non pour passer joyeusement le temps, mais pour nuire méchamment à quelqu'un en articulant, monorticulant, torticulant, couilletant et diabliculant... et qui ressemblent aux mendiants de village qui farfouillent dans la merde des petits enfants pour y trouver des noyaux de cerise...

Le rire, le grand rire, mon Immense, serait-il devenu chose à craindre ? Je préfère penser qu'il demeure précieux à la santé de l'âme. Ce dont je me soucie extrêmement. Tout comme vous.

Je prends et reprends sans cesse le chemin de La Boétie et, chemin lisant, je m'interroge. Pourquoi les hommes supportent-ils un despote qui n'a d'autre puissance que celle qu'on lui donne ? Pourquoi lui abandonnent-ils leur vie à seule fin de servir son pouvoir ? Pourquoi tolèrent-ils les humiliations, les indignités, les bassesses ? Pourquoi se plient-ils à ce qui les abaisse et qu'une bête même ne supporterait pas ? Pourquoi se laissent-ils déposséder de tout ce qui importe ? Que deux, que trois, que quatre se soumettent à un homme, cela peut s'expliquer. Mais que cent, ou que mille subissent l'oppression d'un seul, comment le justifier ? Et comment le comprendre ?

D'autant qu'un despote n'est rien. Il n'a que les moyens fournis par ses sujets. Et pour armes il n'a que leurs mains, que leurs bras, que leur force.

Il n'est même pas besoin du courage pour le défaire et le déshabiller. Il faut tout simplement ne plus lui obéir. Il faut tout simplement vouloir se dire un homme. Autrement dit, vouloir se dire libre.

Mais là gît le mystère. Les hommes s'épuisent et se déchirent à convoiter des choses vaines. *Il en est une seule que les hommes, je ne sais pourquoi, n'ont pas la force de désirer, c'est la liberté.* Or, il n'est pas de vie qui vaille en son absence. Et rien qui n'ait de goût si elle fait défaut. Comment comprendre alors que les hommes y renoncent, quand les animaux meurent de s'en trouver privés ?

C'est que les hommes, si rien ne les secoue, si rien ne les anime, s'habituent au dressage et boivent son venin sans le trouver amer. Ils ne ressentent plus le malheur d'être esclave et élèvent leurs enfants dans la même contrainte. Ces enfants sont sans force, dépourvus de courage, leur cœur est bas et mou. *Les tyrans le savent bien. Ils font tout leur possible pour mieux les avachir.* Et leur offrent des jeux pour les rendre imbéciles. Car les jeux sont d'évidence, les meilleurs allèchements à la servitude.

J'organise régulièrement des excursions chez mes admirées : Woolf, Jelinek, Tsvetaïeva, Bachmann…

Je fais des virées chez Baudelaire mon Immense, des promenades musicales chez Hugo, de longs séjours chez Beckett, des randonnées en altitude chez Nietzsche, et je déambule bien sûr chez mes contemporains dont certains me sont infiniment précieux. Mais il faudrait des livres entiers pour dire le bonheur qu'ils me donnent. »

Table

Dans la même collection :

La fermière tuée par sa vache et autres faits divers, Christophe Boltanski, mai 2024.

Cet ouvrage a été mis en pages par

<pixellence>

Achevé d'imprimer en mai 2024
par Normandie Roto Impression s.a.s.
61250 Lonrai
N° d'impression : 2401998
N° d'édition : 634233-0
Dépôt légal : juin 2024

Imprimé en France